기도하는 엄마들

자녀들과 교사, 학교, 주일 학교를 위해 기도하는 엄마들을 위한

기도일지 ❸

한국 기도하는 엄마들(MIP KOREA) 감수

목 차

- 한국 기도하는 엄마들(MIP KOREA) • 5
- 비전선포 기도 • 7

Ⅰ 하나님의 성품

1주 ♡ 용서하시는 하나님 • 10
2주 ♡ 사랑의 하나님 • 12
3주 ♡ 선하신 하나님 • 14
4주 ♡ 인내하시는 하나님 • 16
___년 ___월 기도달력 • 18

5주 ♡ 신실하신 하나님 • 20
6주 ♡ 평강의 하나님 • 22

Ⅱ 하나님의 이름

7주 ♡ 엘 샤다이 – 전능하신 하나님 • 26
8주 ♡ 여호와 닛시 – 주는 우리의 깃발 • 28
___년 ___월 기도달력 • 30

9주 ♡ 여호와 사바오트 – 만군의 여호와 • 32
10주 ♡ 여호와 이레 – 준비하시는 하나님 • 34
11주 ♡ 여호와 라파 – 치료하시는 하나님 • 36
12주 ♡ 여호와 치케누 – 주님은 우리의 의 • 38
___년 ___월 기도달력 • 40

Ⅲ 하나님의 속성

13주 ♡ 능력의 하나님 • 44
14주 ♡ 편재자 하나님 • 46
15주 ♡ 영원하신 하나님 • 48
16주 ♡ 불변자 하나님 • 50
___년 ___월 기도달력 • 52

17주 ♡ 공의로우신 하나님 • 54
18주 ♡ 위엄의 하나님 • 56

Ⅳ 하나님의 사역

19주 ♡ 창조주 하나님 • 60
20주 ♡ 왕이신 하나님 • 62
___년 ___월 기도달력 • 64

21주 ♡ 승리의 하나님 • 66
22주 ♡ 싸우시는 하나님 • 68
23주 ♡ 구속자 되신 하나님 • 70
24주 ♡ 인도자 되시는 하나님 • 72
___년 ___월 기도달력 • 74

- 10대 자녀를 위한 기도제안 • 76
- 31일 성품 기도달력 • 78
- 한국 기도하는 엄마들 주제가 • 80

♥ 한국 기도하는 엄마들(MIP KOREA)

♡ 기도하는 엄마들(Moms In Prayer, MIP)은?

- 정기적으로 매주 한 시간씩 모여 자녀들과 학교를 위해 중보하는 여성들입니다.
- 어떤 특정 아이나 학교를 위해 기꺼이 기도하기 원하는 크리스천 여성들입니다.
- 하나님께서 기도에 응답하신다고 믿는 여성들입니다.

기도하는 엄마들의 목적은 엄마들이 모여 함께 자녀들을 위해 기도함으로 그들을 몸소 지키며, 자녀들의 학교가 성경적 가치와 높은 도덕적 기준으로 그들을 지도할 수 있게 중보하는 것이다.

사명선언문

기도하는 엄마들은
엄마들이 모여 기도함으로 그리스도를 위하여
온 세계 자녀들과 학교에 영향을 끼친다!

비전선언문

우리의 비전은
세상의 모든 학교를 위하여
기도하는 것이다!

♡ MIP 기도 특징

대화식 합심기도

- 두세 명의 엄마들이 기도하기에 짧고 단순한 언어로 구체적으로 기도한다.
- 한 번에 한 주제에 집중하여 기도한다.
- KISS(Keep It Simple and Short/Specific)의 원리를 따라 기도한다.

말씀기도

성경 말씀을 묵상하고 그 말씀에 근거하여 기도한다.

4단계기도

MIP 기도 시간은 4단계로 이루어진다. (찬양 – 고백 – 감사 – 중보)

♡ 한국 기도하는 엄마들 홈페이지 www.mip.or.kr

♥한국 기도하는 엄마들(MIP KOREA)

1984년부터 시작된 MIP는 국제본부(www.momsinprayer.org)가 미국에 있으며 현재 160개국 엄마들이 동참하고 있는 복음적이고 국제적인 기도사역입니다. 우리나라에서는 1998년부터 사역이 시작되었고 지금까지 수많은 기도하는 엄마들이 이 땅 가운데 세워지고 있습니다.

♡ 2024년 현재 기도하는 엄마들 사역을 하고 있는 지역은 다음과 같습니다.

지역	교회	연락처
서울	남서울은혜교회 외	010-2045-1795
수도권	선한목자교회 외	010-2796-6560
충청/강원	천안중앙교회 외	010-7464-4409
전라	광주 혜성교회 외	010-3626-1275
경북	대구 침산제일교회 외	010-9310-2227
경남	창원 한빛교회 외	010-4268-3368
부산/제주	부산 수영로교회 외	010-5004-5925

비전선포 기도

기도하는 엄마들

- 제가 '기도의 여인'이 되게 하옵소서!
- 제가 기도를 통한 하나님의 능력에 대한 비전을 가질 수 있게 하옵소서!
- 제가 '중보기도자'가 되게 하옵소서!
- 제가 적극적인 기도를 하되,
  삶의 한 방식으로 솔선수범하여 주도권을 가지고
  다른 사람과 함께 기도하게 하옵소서!
- 제가 말씀으로 기도하는 법을 배우게 하옵소서!
- 제가 쉬지 말고 기도할 수 있게 하옵소서!
- 제가 하나님께서 기도 중에 제게 가르쳐주신 진리를
  다른 사람들에게 전해 줄 수 있게 하옵소서!

1주 ♥ 질투하시는 하나님(애쉬 오클라 · 엘 칸나)

한국 기도하는 엄마들 · 날짜: 20____년 ____월 ____일 (____요일) ____시

♥ **찬양**(8-10분) – 이제 **질투하시는 하나님**을 선포하고 **찬양하겠습니다**(하나님의 속성, 이름, 성품으로 하나님을 찬양하십시오. 이 시간은 기도 응답이나 기도 제목을 나누는 시간이 아닙니다. 찬양만 하십시오.).

하나님은 우리를 완전하게 사랑하시고, 우리도 목숨과 뜻과 정성과 마음을 다해 하나님 자신을 사랑해 주기 원하십니다. 우리가 원하는 성공을 하나님께로부터 얻어 내려고 하나님을 요술방망이 정도로 이용하는 것을 극히 싫어하십니다. 사람이나 사물이나 목표, 심지어는 하나님을 위한다는 사역과 비전조차 하나님과 우리 사이에 끼는 것을 우상이라 하시며 불같이 질투하십니다. 하나님은 우리에게 최선의 삶을 주시는 하나님 자신만을 온전히 사랑하기 원하십니다.

출 20:3-5 너는 나 외에는 다른 신들을 네게 두지 말라 너를 위하여 새긴 우상을 만들지 말고 또 위로 하늘에 있는 것이나 아래로 땅에 있는 것이나 땅 아래 물 속에 있는 것의 어떤 형상도 만들지 말며 그것들에게 절하지 말며 그것들을 섬기지 말라 나 네 하나님 여호와는 질투하는 하나님인즉 나를 미워하는 자의 죄를 갚되 아버지로부터 아들에게로 삼사 대까지 이르게 하거니와

출 34:14 너는 다른 신에게 절하지 말라 여호와는 질투라 이름하는 질투의 하나님임이니라

신 4:23-24 너희는 스스로 삼가 너희의 하나님 여호와께서 너희와 세우신 언약을 잊지 말고 네 하나님 여호와께서 금하신 어떤 형상의 우상도 조각하지 말라 네 하나님 여호와는 소멸하는 불이시요 질투하시는 하나님이시니라

신 5:8-10 너는 자기를 위하여 새긴 우상을 만들지 말고 위로 하늘에 있는 것이나 아래로 땅에 있는 것이나 땅밑 물 속에 있는 것의 어떤 형상도 만들지 말며 그것들에게 절하지 말며 그것들을 섬기지 말라 나 네 하나님 여호와는 질투하는 하나님인즉 나를 미워하는 자의 죄를 갚되 아버지로부터 아들에게로 삼사 대까지 이르게 하거니와 나를 사랑하고 내 계명을 지키는 자에게는 천 대까지 은혜를 베푸느니라

♥ **고백**(2-3분) – 우리가 죄를 품고 있으면 하나님은 우리 기도를 듣지 않으십니다.
이 시간은 조용히 침묵하는 가운데 우리의 죄를 고백하는 기도를 하겠습니다. (2-3분 후)
만일 우리가 우리 죄를 자백하면 하나님께서는 신실하시고 의로우심으로 우리 죄를 용서하시고 모든 불의에서 우리를 깨끗케 하신다고 하신 말씀대로 우리의 죄가 그리스도의 보혈로 깨끗하게 씻겨졌음을 믿습니다. 이제 우리를 온전히 다스리시고, 성령으로 충만케 하여 주시옵소서. 아멘!

♥ **감사**(5-8분) – 이제 기도 응답과 베푸신 은혜에 대해 하나님께 감사기도를 드리겠습니다(이 시간에 간구는 하지 않습니다.).

자녀 이름:	자녀 이름:

♥ **중보 (30-40분)** – (대화식 합심기도는 언제나 짧고 Short, 간단하게 Simple, 구체적으로 Specific 합니다.)

① 이제 우리 자녀를 위해 중보기도하겠습니다.

♡ 먼저 ○○를 위해 성구기도하겠습니다.

_____가 다른 신(우상)에게 절하지 않고 질투하시는 하나님만 사랑하며 하나님만 경배하게 하소서. 하나님은 _____를 질투하시기까지 사랑하시는 분이심을 _____가 분명히 깨닫게 하소서(출 34:14).

성구 확장 기도

♡ ○○를 위해 구체적인 기도를 하겠습니다.

자녀 이름:	자녀 이름:

② 학교 선생님을 위해 기도하겠습니다.

신자일 때: _____ 선생님이 긍휼하심을 받고 때를 따라 돕는 은혜를 얻기 위하여 하나님의 은혜의 보좌 앞에 담대히 나아가게 하소서. 모든 학생들을 위하여 늘 일일이 기도하는 선생님이 되게 하소서(히 4:16).

불신자일 때: _____ 선생님이 예수님을 태초부터 계신 말씀, 곧 하나님이시라는 진리를 믿고, 예수님을 영접하여 하나님의 자녀가 되는 권세를 받아 그 권세로 학생들을 사랑하며 가르치게 하소서(요 1:1-13).

구체적인 기도 제목: _____

③ 학교를 위해 기도하겠습니다. _____

④ 주일학교 선생님을 위해 기도하겠습니다. _____

⑤ 주일학교 주요 사안(주일학교 부서)을 위해 기도하겠습니다. _____

⑥ 기도하는 엄마들 사역을 위해 기도달력으로 기도하겠습니다(당월 기도달력을 홈페이지에서 다운받아 모일 때마다 한 주 분씩 기도해 주십시오. www.mip.or.kr).

♥ **마무리** – 오늘도 우리의 기도를 들으시는 하나님께 감사와 영광을 올려드리며 예수님의 이름으로 기도드립니다. 아멘!

♥ 모임 내에서 기도한 내용은 모임 안에 남아야 함을 잊지 마십시오!!

2주 ♥ 모든 이름 위에 뛰어난 이름(하솀)

한국 기도하는 엄마들　　　　　　　　　　　　• 날짜: 20___년 ___월 ___일 (___요일) ___시

♥ **찬양**(8-10분) – 이제 **모든 이름 위에 뛰어난 이름**을 선포하고 **찬양하겠습니다**(하나님의 속성, 이름, 성품으로 하나님을 찬양하십시오. 이 시간은 기도 응답이나 기도 제목을 나누는 시간이 아닙니다. 찬양만 하십시오.).

이름은 히브리 문학에서 그 인물의 본성이나 성격을 나타냅니다. 하나님과 예수님의 이름을 믿는다는 것은 그 존재와 성품과 말씀을 믿는 것입니다. 예수님은, "아버지여… 아들을 영화롭게 하사 아들로 아버지를 영화롭게 하게 하옵소서"라고 기도하셨고, 자기 이름으로 무엇을 구하든지 주시겠다고 약속하셨습니다. 하나님은 무덤까지 내려가신 예수님을 지극히 높이셨고 그에게 '모든 이름 위에 뛰어난 이름'을 주사, 하늘에 있는 자들과 땅에 있는 자들과 땅 아래 있는 자들로 모든 무릎을 예수님의 이름에 꿇게 하시고 모든 입으로 예수 그리스도를 주라 시인하여 하나님 아버지께 영광을 돌리게 하셨습니다. 할렐루야!

왕상 8:28-29　그러나 내 하나님 여호와여 주의 종의 기도와 간구를 돌아보시며 이 종이 오늘 주 앞에서 부르짖음과 비는 기도를 들으시옵소서 주께서 전에 말씀하시기를 내 이름이 거기 있으리라 하신 곳 이 성전을 향하여 주의 눈이 주야로 보시오며 주의 종이 이 곳을 향하여 비는 기도를 들으시옵소서

요 1:12　영접하는 자 곧 그 이름을 믿는 자들에게는 하나님의 자녀가 되는 권세를 주셨으니

요 17:6　세상 중에서 내게 주신 사람들에게 내가 아버지의 이름을 나타내었나이다 그들은 아버지의 것이었는데 내게 주셨으며 그들은 아버지의 말씀을 지키었나이다

요 17:26　내가 아버지의 이름을 그들에게 알게 하였고 또 알게 하리니 이는 나를 사랑하신 사랑이 그들 안에 있고 나도 그들 안에 있게 하려 함이니이다

계 3:12　이기는 자는 내 하나님 성전에 기둥이 되게 하리니 그가 결코 다시 나가지 아니하리라 내가 하나님의 이름과 하나님의 성 곧 하늘에서 내 하나님께로부터 내려오는 새 예루살렘의 이름과 나의 새 이름을 그이 위에 기록하리라

♥ **고백**(2-3분) – 우리가 죄를 품고 있으면 하나님은 우리 기도를 듣지 않으십니다.
이 시간은 조용히 침묵하는 가운데 우리의 죄를 고백하는 기도를 하겠습니다. (2-3분 후)
만일 우리가 우리 죄를 자백하면 하나님께서는 신실하시고 의로우심으로 우리 죄를 용서하시고 모든 불의에서 우리를 깨끗하게 하신다고 하신 말씀대로 우리의 죄가 그리스도의 보혈로 깨끗하게 씻겨졌음을 믿습니다. 이제 우리를 온전히 다스리시고, 성령으로 충만케 하여 주시옵소서. 아멘!

♥ **감사**(5-8분) – 이제 기도 응답과 베푸신 은혜에 대해 **하나님께 감사기도를 드리겠습니다**(이 시간에 간구는 하지 않습니다.).

자녀 이름:	자녀 이름:

♥ **중보 (30-40분)** – (대화식 합심기도는 언제나 짧고 Short, 간단하게 Simple, 구체적으로 Specific 합니다.)

① **이제 우리 자녀를 위해 중보기도하겠습니다.**

♡ 먼저 ○○를 위해 성구기도하겠습니다.

_____의 하나님 여호와여 주의 종 _____의 기도와 간구를 돌아보시며 _____가 오늘 '하쉠' 앞에서 부르짖음과 비는 기도를 들으시옵소서(왕상 8:28).

성구 확장 기도

♡ ○○를 위해 구체적인 기도를 하겠습니다.

자녀 이름:	자녀 이름:

② **학교 선생님을 위해 기도하겠습니다.**

신자일 때: _____ 선생님이 긍휼하심을 받고 때를 따라 돕는 은혜를 얻기 위하여 하나님의 은혜의 보좌 앞에 담대히 나아가게 하소서. 모든 학생들을 위하여 늘 일일이 기도하는 선생님이 되게 하소서(히 4:16).

불신자일 때: _____ 선생님이 예수님을 태초부터 계신 말씀, 곧 하나님이시라는 진리를 믿고, 예수님을 영접하여 하나님의 자녀가 되는 권세를 받아 그 권세로 학생들을 사랑하며 가르치게 하소서(요 1:1-13).

구체적인 기도 제목: _____

③ **학교를 위해 기도하겠습니다.** _____

④ **주일학교 선생님을 위해 기도하겠습니다.** _____

⑤ **주일학교 주요 사안(주일학교 부서)을 위해 기도하겠습니다.** _____

⑥ **기도하는 엄마들 사역을 위해 기도달력으로 기도하겠습니다**(당월 기도달력을 홈페이지에서 다운받아 모일 때마다 한 주 분씩 기도해 주십시오. **www.mip.or.kr**).

♥ **마무리** – 오늘도 우리의 기도를 들으시는 하나님께 감사와 영광을 올려드리며 예수님의 이름으로 기도드립니다. 아멘!

♥ 모임 내에서 기도한 내용은 모임 안에 남아야 함을 잊지 마십시오!!

3주 ♥ 왕이신 하나님(멜렉)

한국 기도하는 엄마들 • 날짜: 20____년 ____월 ____일 (____요일) ____시

♥ **찬양** (8-10분) – 이제 **왕이신 하나님**을 선포하고 **찬양하겠습니다**(하나님의 속성, 이름, 성품으로 하나님을 찬양하십시오. 이 시간은 기도 응답이나 기도 제목을 나누는 시간이 아닙니다. 찬양만 하십시오.).

이스라엘 백성은 여호와가 자기들의 왕이라고 믿었으며, 앞으로 오실 메시아는 자기들을 원수에게서 구하시고 온 세상의 왕이 되실 것이라고 기대했습니다. 그러나 그들은 여호와 이외의 허무한 것을 왕으로 섬기는 우상 숭배에 빠져 수치를 당했습니다. 성경은 예수님을 완전한 순종을 통해 하늘나라를 세우신 왕으로 묘사합니다. 하나님 나라는 그리스도를 믿은 모든 나라와 족속과 백성과 방언 가운데로 확장되었습니다. 하나님께 기도한다는 것은 온 세상을 사랑으로 통치하시는 왕께 기도드리는 것입니다. 우리가 하나님을 멜렉, 즉 왕으로 인정하고 순종하는 삶을 산다면 우리 삶에는 시온의 대로가 열릴 것입니다.

시 93:1-2   여호와께서 다스리시니 스스로 권위를 입으셨도다 여호와께서 능력의 옷을 입으시며 띠를 띠셨으므로 세계도 견고히 서서 흔들리지 아니하는도다 주의 보좌는 예로부터 견고히 섰으며 주는 영원부터 계셨나이다

시 96:10   모든 나라 가운데서 이르기를 여호와께서 다스리시니 세계가 굳게 서고 흔들리지 않으리라 그가 만민을 공평하게 심판하시리라 할지로다

시 97:1-3   여호와께서 다스리시나니 땅은 즐거워하며 허다한 섬은 기뻐할지어다 구름과 흑암이 그를 둘렀고 의와 공평이 그의 보좌의 기초로다 불이 그의 앞에서 나와 사방의 대적들을 불사르시는도다

슥 14:9   여호와께서 천하의 왕이 되시리니 그 날에는 여호와께서 홀로 한 분이실 것이요 그의 이름이 홀로 하나이실 것이라

마 6:10   나라가 임하시오며 뜻이 하늘에서 이루어진 것 같이 땅에서도 이루어지이다

마 6:33   그런즉 너희는 먼저 그의 나라와 그의 의를 구하라 그리하면 이 모든 것을 너희에게 더하시리라

♥ **고백** (2-3분) – 우리가 죄를 품고 있으면 하나님은 우리 기도를 듣지 않으십니다.
이 시간은 조용히 침묵하는 가운데 우리의 죄를 고백하는 기도를 하겠습니다. (2-3분 후)

만일 우리가 우리 죄를 자백하면 하나님께서는 신실하시고 의로우심으로 우리 죄를 용서하시고 모든 불의에서 우리를 깨끗게 하신다고 하신 말씀대로 우리의 죄가 그리스도의 보혈로 깨끗하게 씻겨졌음을 믿습니다. 이제 우리를 온전히 다스리시고, 성령으로 충만케 하여 주시옵소서. 아멘!

♥ **감사** (5-8분) – 이제 기도 응답과 베푸신 은혜에 대해 **하나님께 감사기도를 드리겠습니다**(이 시간에 간구는 하지 않습니다.).

자녀 이름: 자녀 이름:

♥ **중보(30-40분)** – (대화식 합심기도는 언제나 짧고 Short, 간단하게 Simple, 구체적으로 Specific 합니다.)

① **이제 우리 자녀를 위해 중보기도하겠습니다.**

♡ 먼저 ○○를 위해 성구기도하겠습니다.

'멜렉'이신 여호와께서 다스리시니 땅이 즐거워하며 허다한 섬이 기뻐하듯 _____가 왕이신 하나님의 다스림을 기뻐하게 하소서(시 97:1).

성구 확장 기도

♡ ○○를 위해 구체적인 기도를 하겠습니다.

자녀 이름:	자녀 이름:

② **학교 선생님을 위해 기도하겠습니다.**

신자일 때: _____ 선생님이 긍휼하심을 받고 때를 따라 돕는 은혜를 얻기 위하여 하나님의 은혜의 보좌 앞에 담대히 나아가게 하소서. 모든 학생들을 위하여 늘 일일이 기도하는 선생님이 되게 하소서(히 4:16).

불신자일 때: _____ 선생님이 예수님을 태초부터 계신 말씀, 곧 하나님이시라는 진리를 믿고, 예수님을 영접하여 하나님의 자녀가 되는 권세를 받아 그 권세로 학생들을 사랑하며 가르치게 하소서(요 1:1-13).

구체적인 기도 제목: _____

③ **학교를 위해 기도하겠습니다.** _____

④ **주일학교 선생님을 위해 기도하겠습니다.** _____

⑤ **주일학교 주요 사안(주일학교 부서)을 위해 기도하겠습니다.** _____

⑥ **기도하는 엄마들 사역을 위해 기도달력으로 기도하겠습니다**(당월 기도달력을 홈페이지에서 다운받아 모일 때마다 한 주 분씩 기도해 주십시오. **www.mip.or.kr**).

♥ **마무리** – 오늘도 우리의 기도를 들으시는 하나님께 감사와 영광을 올려드리며 예수님의 이름으로 기도드립니다. 아멘!

♥ 모임 내에서 기도한 내용은 모임 안에 남아야 함을 잊지 마십시오!!

4주 ♥ 남편이신 하나님(이쉬)

한국 기도하는 엄마들　　　　　　　　　　　• 날짜: 20___년 ___월 ___일 (___요일) ___시

♥ **찬양**(8-10분) – 이제 **남편이신 하나님**을 선포하고 **찬양하겠습니다**(하나님의 속성, 이름, 성품으로 하나님을 찬양하십시오. 이 시간은 기도 응답이나 기도 제목을 나누는 시간이 아닙니다. 찬양만 하십시오.).

완벽하게 이상적인 남편이신 하나님은 아내인 우리를 위해 공급하시고 보호하시며, 우리의 연약함과 불성실함에도 불구하고 결코 우리를 버리지 않으시고 약할수록 더욱 귀히 여기십니다. 신약에서 예수님은 신랑, 교회는 신부로 묘사합니다. 우리는 남편이신 하나님, 신랑이신 예수님을 잘 알고 그분께 성실해야 합니다. 거룩하신 신랑이신 주님께서는 우리가 거룩한 신부로 합당하게 살기 원하십니다.

호 2:16　여호와께서 이르시되 그 날에 네가 나를 내 남편이라 일컫고 다시는 내 바알이라 일컫지 아니하리라

호 2:19-20　내가 네게 장가 들어 영원히 살되 공의와 정의와 은총과 긍휼히 여김으로 네게 장가 들며 진실함으로 네게 장가 들리니 네가 여호와를 알리라

출 20:5b　나 네 하나님 여호와는 질투하는 하나님인즉 나를 미워하는 자의 죄를 갚되 아버지로부터 아들에게로 삼사 대까지 이르게 하거니와

사 54:5-6　이는 너를 지으신 이가 네 남편이시라 그의 이름은 만군의 여호와이시며 네 구속자는 이스라엘의 거룩한 이시라 그는 온 땅의 하나님이라 일컬음을 받으실 것이라 여호와께서 너를 부르시되 마치 버림을 받아 마음에 근심하는 아내 곧 어릴 때에 아내가 되었다가 버림을 받은 자에게 함과 같이 하실 것임이라 네 하나님께서 말씀하셨느니라

엡 5:25-28　남편들아 아내 사랑하기를 그리스도께서 교회를 사랑하시고 그 교회를 위하여 자신을 주심 같이 하라 이는 곧 물로 씻어 말씀으로 깨끗하게 하사 거룩하게 하시고 자기 앞에 영광스러운 교회로 세우사 티나 주름 잡힌 것이나 이런 것들이 없이 거룩하고 흠이 없게 하려 하심이라

♥ **고백**(2-3분) – 우리가 죄를 품고 있으면 하나님은 우리 기도를 듣지 않으십니다.
이 시간은 조용히 침묵하는 가운데 우리의 죄를 고백하는 기도를 하겠습니다. (2-3분 후)
만일 우리가 우리 죄를 자백하면 하나님께서는 신실하시고 의로우심으로 우리 죄를 용서하시고 모든 불의에서 우리를 깨끗케 하신다고 하신 말씀대로 우리의 죄가 그리스도의 보혈로 깨끗하게 씻겨졌음을 믿습니다. 이제 우리를 온전히 다스리시고, 성령으로 충만케 하여 주시옵소서. 아멘!

♥ **감사**(5-8분) – 이제 기도 응답과 베푸신 은혜에 대해 **하나님께 감사기도를 드리겠습니다**(이 시간에 간구는 하지 않습니다.).

자녀 이름:	자녀 이름:

♥ **중보 (30-40분)** – (대화식 합심기도는 언제나 짧고 Short, 간단하게 Simple, 구체적으로 Specific 합니다.)

① 이제 우리 자녀를 위해 중보기도하겠습니다.

♡ 먼저 ○○를 위해 성구기도하겠습니다.

_____가 자기를 지으신 하나님이 자기의 이상적인 남편이신 '이쉬'이심을 알고 믿게 하소서(사 54:5).

성구 확장 기도

♡ ○○를 위해 구체적인 기도를 하겠습니다.

자녀 이름:	자녀 이름:

② 학교 선생님을 위해 기도하겠습니다.

신자일 때: _____ 선생님이 긍휼하심을 받고 때를 따라 돕는 은혜를 얻기 위하여 하나님의 은혜의 보좌 앞에 담대히 나아가게 하소서. 모든 학생들을 위하여 늘 일일이 기도하는 선생님이 되게 하소서(히 4:16).

불신자일 때: _____ 선생님이 예수님을 태초부터 계신 말씀, 곧 하나님이시라는 진리를 믿고, 예수님을 영접하여 하나님의 자녀가 되는 권세를 받아 그 권세로 학생들을 사랑하며 가르치게 하소서(요 1:1-13).

구체적인 기도 제목: _____

③ 학교를 위해 기도하겠습니다. _____

④ 주일학교 선생님을 위해 기도하겠습니다. _____

⑤ 주일학교 주요 사안(주일학교 부서)을 위해 기도하겠습니다. _____

⑥ **기도하는 엄마들 사역을 위해 기도달력으로 기도하겠습니다**(당월 기도달력을 홈페이지에서 다운받아 모일 때마다 한 주 분씩 기도해 주십시오. www.mip.or.kr).

♥ **마무리** – 오늘도 우리의 기도를 들으시는 하나님께 감사와 영광을 올려드리며 예수님의 이름으로 기도드립니다. 아멘!

♥ 모임 내에서 기도한 내용은 모임 안에 남아야 함을 잊지 마십시오!!

기도하는 엄마들 **기도일지 ❸**

_____ 년 _____ 월 기도달력

♥ MEMO ♥

5주 ♥ 살아 계신 하나님(엘 차이)

한국 기도하는 엄마들   • 날짜: 20____년 ____월 ____일 (____요일) ____시

♥ **찬양** (8-10분) – 이제 살아 계신 하나님을 선포하고 찬양하겠습니다(하나님의 속성, 이름, 성품으로 하나님을 찬양하십시오. 이 시간은 기도 응답이나 기도 제목을 나누는 시간이 아닙니다. 찬양만 하십시오.).

'엘 차이'라는 하나님의 이름은 천지 만물의 창조자이신 살아 계신 하나님을 강조합니다. 그분만이 생명의 근원이시며 그분이 살아 계시므로 우리가 생존하는 것입니다. 하나님은 듣지도 못하고 보지도 못하는 죽은 나무나 돌로 만든 우상과 달리 지금도 살아 계셔서 자기 백성의 기도에 귀를 기울여 들으시고 눈을 떠서 보십니다. 하나님은 우리가 살아 계신 하나님을 인식하며 생명 있는 자답게 살아가기 원하십니다.

왕하 19:15-16   그 앞에서 히스기야가 기도하여 이르되 그룹들 위에 계신 이스라엘의 하나님 여호와여 주는 천하 만국에 홀로 하나님이시라 주께서 천지를 만드셨나이다 여호와여 귀를 기울여 들으소서 여호와여 눈을 떠서 보시옵소서 산헤립이 살아 계신 하나님을 비방하러 보낸 말을 들으시옵소서

수 3:9-10   여호수아가 이스라엘 자손에게 이르되 이리 와서 너희의 하나님 여호와의 말씀을 들으라 하고 또 말하되 살아 계신 하나님이 너희 가운데에 계시사 가나안 족속과 헷 족속과 히위 족속과 브리스 족속과 기르가스 족속과 아모리 족속과 여부스 족속을 너희 앞에서 반드시 쫓아내실 줄을 이것으로서 너희가 알리라

욥 19:25   내가 알기에는 나의 대속자가 살아 계시니 마침내 그가 땅 위에 서실 것이라

마 16:15-16   이르시되 너희는 나를 누구라 하느냐 시몬 베드로가 대답하여 이르되 주는 그리스도시요 살아 계신 하나님의 아들이시니이다

단 6:19-22   이튿날에 왕이 새벽에 일어나 급히 사자 굴로 가서 다니엘이 든 굴에 가까이 이르러서 슬피 소리 질러 다니엘에게 묻되 살아 계시는 하나님의 종 다니엘아 네가 항상 섬기는 네 하나님이 사자들에게서 능히 너를 구원하셨느냐 하니라

♥ **고백** (2-3분) – 우리가 죄를 품고 있으면 하나님은 우리 기도를 듣지 않으십니다.
이 시간은 조용히 침묵하는 가운데 우리의 죄를 고백하는 기도를 하겠습니다. (2-3분 후)
만일 우리가 우리 죄를 자백하면 하나님께서는 신실하시고 의로우심으로 우리 죄를 용서하시고 모든 불의에서 우리를 깨끗게 하신다고 하신 말씀대로 우리의 죄가 그리스도의 보혈로 깨끗하게 씻겨졌음을 믿습니다. 이제 우리를 온전히 다스리시고, 성령으로 충만케 하여 주시옵소서. 아멘!

♥ **감사** (5-8분) – 이제 기도 응답과 베푸신 은혜에 대해 하나님께 감사기도를 드리겠습니다(이 시간에 간구는 하지 않습니다.).

자녀 이름: 자녀 이름:

♥ **중보 (30-40분)** – (대화식 합심기도는 언제나 짧고 Short, 간단하게 Simple, 구체적으로 Specific 합니다.)

① 이제 우리 자녀를 위해 중보기도하겠습니다.

♡ 먼저 ○○를 위해 성구기도하겠습니다.

_____가 '너희는 나를 누구라 하느냐?'라고 물으시는 주님의 질문 앞에 베드로의 대답처럼 '주는 그리스도시요 살아 계신 하나님, '엘 차이'의 아들이시니이다'라는 산 믿음의 고백을 할 수 있게 인도하소서(마 16:15-16).

성구 확장 기도

♡ ○○를 위해 구체적인 기도를 하겠습니다.

자녀 이름:	자녀 이름:

② 학교 선생님을 위해 기도하겠습니다.

신자일 때: _____ 선생님이 긍휼하심을 받고 때를 따라 돕는 은혜를 얻기 위하여 하나님의 은혜의 보좌 앞에 담대히 나아가게 하소서. 모든 학생들을 위하여 늘 일일이 기도하는 선생님이 되게 하소서(히 4:16).

불신자일 때: _____ 선생님이 예수님을 태초부터 계신 말씀, 곧 하나님이시라는 진리를 믿고, 예수님을 영접하여 하나님의 자녀가 되는 권세를 받아 그 권세로 학생들을 사랑하며 가르치게 하소서(요 1:1-13).

구체적인 기도 제목: _____

③ 학교를 위해 기도하겠습니다. _____

④ 주일학교 선생님을 위해 기도하겠습니다. _____

⑤ 주일학교 주요 사안(주일학교 부서)을 위해 기도하겠습니다. _____

⑥ 기도하는 엄마들 사역을 위해 기도달력으로 기도하겠습니다(당월 기도달력을 홈페이지에서 다운받아 모일 때마다 한 주 분씩 기도해 주십시오. www.mip.or.kr).

♥ **마무리** – 오늘도 우리의 기도를 들으시는 하나님께 감사와 영광을 올려드리며 예수님의 이름으로 기도드립니다. 아멘!

♥ 모임 내에서 기도한 내용은 모임 안에 남아야 함을 잊지 마십시오!!

6주 ♥ 견고한 망대이신 하나님(믹달 오즈)

한국 기도하는 엄마들　　　　　　　　　• 날짜: 20____년 ____월 ____일 (____요일) ____시

♥ **찬양**(8-10분) – 이제 **견고한 망대이신 하나님**을 선포하고 **찬양하겠습니다**(하나님의 속성, 이름, 성품으로 하나님을 찬양하십시오. 이 시간은 기도 응답이나 기도 제목을 나누는 시간이 아닙니다. 찬양만 하십시오.).

　　하나님께서는 우리가 어렵고 힘든 일을 당할 때 기꺼이 우리에게 피난처와 견고한 망대와 방패가 되십니다. 하나님께서는 우리의 안전한 도피성이 되셔서 어제나 오늘이나 영원토록 우리를 받아주시고 안전하게 돌보시는 자기를 우리가 온전히 의지하기 원하십니다.

시 91:3-6　　이는 그가 너를 새 사냥꾼의 올무에서와 심한 전염병에서 건지실 것임이로다 그가 너를 그의 깃으로 덮으시리니 네가 그의 날개 아래에 피하리로다 그의 진실함은 방패와 손 방패가 되시나니 너는 밤에 찾아오는 공포와 낮에 날아드는 화살과 어두울 때 퍼지는 전염병과 밝을 때 닥쳐오는 재앙을 두려워하지 아니하리로다

시 91:9-11　　네가 말하기를 여호와는 나의 피난처시라 하고 지존자를 너의 거처로 삼았으므로 화가 네게 미치지 못하며 재앙이 네 장막에 가까이 오지 못하리니 그가 너를 위하여 그의 천사들을 명령하사 네 모든 길에서 너를 지키게 하심이라

시 91:14-16　　하나님이 이르시되 그가 나를 사랑한즉 내가 그를 건지리라 그가 내 이름을 안즉 내가 그를 높이리라 그가 내게 간구하리니 내가 그에게 응답하리라 그들이 환난 당할 때에 내가 그와 함께 하여 그를 건지고 영화롭게 하리라 내가 그를 장수하게 함으로 그를 만족하게 하며 나의 구원을 그에게 보이리라 하시도다

삼하 22:1-3　　여호와께서 다윗을 모든 원수의 손과 사울의 손에서 구원하신 그 날에 다윗이 이 노래의 말씀으로 여호와께 아뢰어 이르되 여호와는 나의 반석이시요 나의 요새시요 나를 위하여 나를 건지시는 자시요 내가 피할 나의 반석의 하나님이시요 나의 방패시요 나의 구원의 뿔이시요 나의 높은 망대시요 그에게 피할 나의 피난처시요 나의 구원자시라 나를 폭력에서 구원하셨도다

♥ **고백**(2-3분) – 우리가 죄를 품고 있으면 하나님은 우리 기도를 듣지 않으십니다.
　　　　　　　　이 시간은 조용히 침묵하는 가운데 우리의 죄를 고백하는 기도를 하겠습니다. (2-3분 후)

　　　　　　　만일 우리가 우리 죄를 자백하면 하나님께서는 신실하시고 의로우심으로 우리 죄를 용서하시고 모든 불의에서 우리를 깨끗케 하신다고 하신 말씀대로 우리의 죄가 그리스도의 보혈로 깨끗하게 씻겨졌음을 믿습니다. 이제 우리를 온전히 다스리시고, 성령으로 충만케 하여 주시옵소서. 아멘!

♥ **감사**(5-8분) – 이제 기도 응답과 베푸신 은혜에 대해 하나님께 **감사기도를 드리겠습니다**(이 시간에 간구는 하지 않습니다.).

자녀 이름:	자녀 이름:

♥ **중보 (30-40분)** – (대화식 합심기도는 언제나 짧고 Short, 간단하게 Simple, 구체적으로 Specific 합니다.)

① 이제 우리 자녀를 위해 중보기도하겠습니다.

♡ 먼저 ○○를 위해 성구기도하겠습니다.

_____가 하나님이 자기를 위하여 하나님의 천사들을 명령하시사 _____의 모든 길에서 자기를 지키게 하심을 믿고 평안히 살게 하소서(시 91:11).

성구 확장 기도

♡ ○○를 위해 구체적인 기도를 하겠습니다.

자녀 이름:	자녀 이름:

② 학교 선생님을 위해 기도하겠습니다.

신자일 때: _____ 선생님이 긍휼하심을 받고 때를 따라 돕는 은혜를 얻기 위하여 하나님의 은혜의 보좌 앞에 담대히 나아가게 하소서. 모든 학생들을 위하여 늘 일일이 기도하는 선생님이 되게 하소서(히 4:16).

불신자일 때: _____ 선생님이 예수님을 태초부터 계신 말씀, 곧 하나님이시라는 진리를 믿고, 예수님을 영접하여 하나님의 자녀가 되는 권세를 받아 그 권세로 학생들을 사랑하며 가르치게 하소서(요 1:1-13).

구체적인 기도 제목: _____

③ 학교를 위해 기도하겠습니다. _____

④ 주일학교 선생님을 위해 기도하겠습니다. _____

⑤ 주일학교 주요 사안(주일학교 부서)을 위해 기도하겠습니다. _____

⑥ 기도하는 엄마들 사역을 위해 기도달력으로 기도하겠습니다(당월 기도달력을 홈페이지에서 다운받아 모일 때마다 한 주 분씩 기도해 주십시오. www.mip.or.kr).

♥ **마무리** – 오늘도 우리의 기도를 들으시는 하나님께 감사와 영광을 올려드리며 예수님의 이름으로 기도드립니다. 아멘!

♥ 모임 내에서 기도한 내용은 모임 안에 남아야 함을 잊지 마십시오!!

7주 ♥ 정의의 심판자이신 하나님(쇼페트)

한국 기도하는 엄마들 · 날짜: 20____년 ____월 ____일 (____요일) ____시

♥ **찬양**(8-10분) – 이제 정의의 심판자이신 하나님을 선포하고 찬양하겠습니다(하나님의 속성, 이름, 성품으로 하나님을 찬양하십시오. 이 시간은 기도 응답이나 기도 제목을 나누는 시간이 아닙니다. 찬양만 하십시오.).

만인의 심판자이신 하나님은 우리의 중심을 보십니다. 구약에서 '심판자'는 곧 '왕'이었습니다. 그런데 '쇼페트' 하나님은 공의를 요구하시는 거룩하신 하나님이신 동시에 그 아들의 성육신하신 삶과 십자가 죽음과 부활을 통해 심판받아 죽어 마땅한 우리 죄를 이미 해결하시고 우리에게 부활 생명을 주신 은혜와 자비의 하나님이십니다.

시 94:2	세계를 심판하시는 주여 일어나사 교만한 자들에게 마땅한 벌을 주소서
시 94:10-11	뭇 백성을 징벌하시는 이 곧 지식으로 사람을 교훈하시는 이가 징벌하지 아니하시랴 여호와께서는 사람의 생각이 허무함을 아시느니라
시 94:16-17	누가 나를 위하여 일어나서 행악자들을 치며 누가 나를 위하여 일어나서 악행하는 자들을 칠까 여호와께서 내게 도움이 되지 아니하셨더면 내 영혼이 벌써 침묵 속에 잠겼으리로다
시 94:20-23	율례를 빙자하고 재난을 꾸미는 악한 재판장이 어찌 주와 어울리리이까 그들이 모여 의인의 영혼을 치려 하며 무죄한 자를 정죄하여 피를 흘리려 하나 여호와는 나의 요새이시요 나의 하나님은 내가 피할 반석이시라 그들의 죄악을 그들에게로 되돌리시며 그들의 악으로 말미암아 그들을 끊으시리니 여호와 우리 하나님이 그들을 끊으시리로다
사 30:18	그러나 여호와께서 기다리시나니 이는 너희에게 은혜를 베풀려 하심이요 일어나시리니 이는 너희를 긍휼히 여기려 하심이라 대저 여호와는 정의의 하나님이심이라 그를 기다리는 자마다 복이 있도다
계 16:7	또 내가 들으니 제단이 말하기를 그러하다 주 하나님 곧 전능하신 이시여 심판하시는 것이 참되시고 의로우시도다 하더라

♥ **고백**(2-3분) – 우리가 죄를 품고 있으면 하나님은 우리 기도를 듣지 않으십니다.
이 시간은 조용히 침묵하는 가운데 우리의 죄를 고백하는 기도를 하겠습니다. (2-3분 후)

만일 우리가 우리 죄를 자백하면 하나님께서는 신실하시고 의로우심으로 우리 죄를 용서하시고 모든 불의에서 우리를 깨끗하게 하신다고 하신 말씀대로 우리의 죄가 그리스도의 보혈로 깨끗하게 씻겨졌음을 믿습니다. 이제 우리를 온전히 다스리시고, 성령으로 충만케 하여 주시옵소서. 아멘!

♥ **감사**(5-8분) – 이제 기도 응답과 베푸신 은혜에 대해 하나님께 감사기도를 드리겠습니다(이 시간에 간구는 하지 않습니다.).

자녀 이름:	자녀 이름:

♥ **중보 (30-40분)** - (대화식 합심기도는 언제나 짧고 Short, 간단하게 Simple, 구체적으로 Specific 합니다.)

① **이제 우리 자녀를 위해 중보기도하겠습니다.**

♡ **먼저 ○○를 위해 성구기도하겠습니다.**

_____에게 은혜 베푸시기 위해 기다리시며 _____를 긍휼히 여기시려고 일어나시는 정의의 심판자 하나님을 기다리는 그에게 복(福)을 내려 주소서(사 30:18).

성구 확장 기도

♡ **○○를 위해 구체적인 기도를 하겠습니다.**

자녀 이름:	자녀 이름:

② **학교 선생님을 위해 기도하겠습니다.**

신자일 때: _____ 선생님이 긍휼하심을 받고 때를 따라 돕는 은혜를 얻기 위하여 하나님의 은혜의 보좌 앞에 담대히 나아가게 하소서. 모든 학생들을 위하여 늘 일일이 기도하는 선생님이 되게 하소서(히 4:16).

불신자일 때: _____ 선생님이 예수님을 태초부터 계신 말씀, 곧 하나님이시라는 진리를 믿고, 예수님을 영접하여 하나님의 자녀가 되는 권세를 받아 그 권세로 학생들을 사랑하며 가르치게 하소서(요 1:1-13).

구체적인 기도 제목: _____

③ **학교를 위해 기도하겠습니다.** _____

④ **주일학교 선생님을 위해 기도하겠습니다.** _____

⑤ **주일학교 주요 사안(주일학교 부서)을 위해 기도하겠습니다.** _____

⑥ **기도하는 엄마들 사역을 위해 기도달력으로 기도하겠습니다**(당월 기도달력을 홈페이지에서 다운받아 모일 때마다 한 주 분씩 기도해 주십시오. **www.mip.or.kr**).

♥ **마무리** - 오늘도 우리의 기도를 들으시는 하나님께 감사와 영광을 올려드리며 예수님의 이름으로 기도드립니다. 아멘!

♥ 모임 내에서 기도한 내용은 모임 안에 남아야 함을 잊지 마십시오!!

8주 ♥ 이스라엘의 소망이신 하나님 (미크웨 이스라엘)

한국 기도하는 엄마들　　　　　　　　　• 날짜: 20____년 ____월 ____일 (____요일) ____시

♥ **찬양** (8-10분) – 이제 이스라엘의 소망이신 하나님을 선포하고 찬양하겠습니다(하나님의 속성, 이름, 성품으로 하나님을 찬양하십시오. 이 시간은 기도 응답이나 기도 제목을 나누는 시간이 아닙니다. 찬양만 하십시오.).

우리의 소망은 하나님과 그의 선하심, 인자하심, 전능하심에 근거합니다. 하나님의 말씀을 읽고 말씀의 약속대로 기도할 때에 우리 안에서 소망이 싹트고 점차 자라나 열매를 맺는데 이릅니다. 우리는 이 세상에서 눈에 보이는 여러 가지 축복을 소망합니다만 우리의 참 소망은 하나님 한 분뿐입니다. 아버지 하나님께서는 자녀된 우리가 온전히 하나님만을 소망하기 원하십니다.

렘 17:5	여호와께서 이와 같이 말씀하시니라 무릇 사람을 믿으며 육신으로 그의 힘을 삼고 마음이 여호와에게서 떠난 그 사람은 저주를 받을 것이라
렘 17:7-8	그러나 무릇 여호와를 의지하며 여호와를 의뢰하는 그 사람은 복을 받을 것이라 그는 물 가에 심어진 나무가 그 뿌리를 강변에 뻗치고 더위가 올지라도 두려워하지 아니하며 그 잎이 청청하며 가무는 해에도 걱정이 없고 결실이 그치지 아니함 같으리라
렘 17:13	이스라엘의 소망이신 여호와여 무릇 주를 버리는 자는 다 수치를 당할 것이라 무릇 여호와를 떠나는 자는 흙에 기록이 되오리니 이는 생수의 근원이신 여호와를 버림이니이다
사 40:31	오직 여호와를 앙망하는 자는 새 힘을 얻으리니 독수리가 날개치며 올라감 같을 것이요 달음박질하여도 곤비하지 아니하겠고 걸어가도 피곤하지 아니하리로다
시 146:5	야곱의 하나님을 자기의 도움으로 삼으며 여호와 자기 하나님에게 자기의 소망을 두는 자는 복이 있도다
렘 29:11	여호와의 말씀이니라 너희를 향한 나의 생각을 내가 아나니 평안이요 재앙이 아니니라 너희에게 미래와 희망을 주는 것이니라

♥ **고백** (2-3분) – 우리가 죄를 품고 있으면 하나님은 우리 기도를 듣지 않으십니다. 이 시간은 조용히 침묵하는 가운데 우리의 죄를 고백하는 기도를 하겠습니다. (2-3분 후)

만일 우리가 우리 죄를 자백하면 하나님께서는 신실하시고 의로우심으로 우리 죄를 용서하시고 모든 불의에서 우리를 깨끗게 하신다고 하신 말씀대로 우리의 죄가 그리스도의 보혈로 깨끗하게 씻겨졌음을 믿습니다. 이제 우리를 온전히 다스리시고, 성령으로 충만케 하여 주시옵소서. 아멘!

♥ **감사** (5-8분) – 이제 기도 응답과 베푸신 은혜에 대해 하나님께 감사기도를 드리겠습니다(이 시간에 간구는 하지 않습니다.).

자녀 이름:	자녀 이름:

♥ **중보 (30-40분)** – (대화식 합심기도는 언제나 짧고 Short, 간단하게 Simple, 구체적으로 Specific 합니다.)

① 이제 우리 자녀를 위해 중보기도하겠습니다.

♡ 먼저 ○○를 위해 성구기도하겠습니다.

_____가 소망의 하나님으로부터 순간 순간 새 힘을 얻게 하소서. 독수리가 날개치며 올라감 같게 하시고 달음박질하여도 곤비하지 않으며 걸어가도 피곤하지 않게 하소서(사 40:31).

성구 확장 기도

♡ ○○를 위해 구체적인 기도를 하겠습니다.

자녀 이름:	자녀 이름:

② 학교 선생님을 위해 기도하겠습니다.

신자일 때: _____ 선생님이 긍휼하심을 받고 때를 따라 돕는 은혜를 얻기 위하여 하나님의 은혜의 보좌 앞에 담대히 나아가게 하소서. 모든 학생들을 위하여 늘 일일이 기도하는 선생님이 되게 하소서(히 4:16).

불신자일 때: _____ 선생님이 예수님을 태초부터 계신 말씀, 곧 하나님이시라는 진리를 믿고, 예수님을 영접하여 하나님의 자녀가 되는 권세를 받아 그 권세로 학생들을 사랑하며 가르치게 하소서(요 1:1-13).

구체적인 기도 제목: _____

③ 학교를 위해 기도하겠습니다. _____

④ 주일학교 선생님을 위해 기도하겠습니다. _____

⑤ 주일학교 주요 사안(주일학교 부서)을 위해 기도하겠습니다. _____

⑥ 기도하는 엄마들 사역을 위해 기도달력으로 기도하겠습니다(당월 기도달력을 홈페이지에서 다운받아 모일 때마다 한 주 분씩 기도해 주십시오. www.mip.or.kr).

♥ **마무리** – 오늘도 우리의 기도를 들으시는 하나님께 감사와 영광을 올려드리며 예수님의 이름으로 기도드립니다. 아멘!

♥ 모임 내에서 기도한 내용은 모임 안에 남아야 함을 잊지 마십시오!!

기도하는 엄마들 **기도일지 ❸**

_____ 년 _____ 월 기도달력

♥ MEMO ♥

9주 ♥ 아빠 · 아버지이신 하나님(압 · 아바 · 파테르)

한국 기도하는 엄마들 · 날짜: 20____년 ____월 ____일 (____요일) ____시

♥ **찬양**(8-10분) – 이제 **아빠 · 아버지이신 하나님**을 선포하고 **찬양하겠습니다**(하나님의 속성, 이름, 성품으로 하나님을 찬양하십시오. 이 시간은 기도 응답이나 기도 제목을 나누는 시간이 아닙니다. 찬양만 하십시오.).

예수님은 이스라엘 사람들이 그 이름을 부르기조차 두려워한 하나님을 감히 자기 아버지라고 불러서 바리새인들을 심히 분노하게 만드셨습니다. 또한 예수님은 제자들에게도 하나님이 아버지라고 가르치셨습니다. 우리도 예수님을 믿고 영접하면 누구든지 하나님의 자녀가 되는 권세를 받아 하나님을 감히 아빠 아버지라 부를 수 있게 되었습니다. 할렐루야!

시 103:13-14 아버지가 자식을 긍휼히 여김 같이 여호와께서는 자기를 경외하는 자를 긍휼히 여기시나니 이는 그가 우리의 체질을 아시며 우리가 단지 먼지뿐임을 기억하심이로다

막 14:36 이르시되 아빠 아버지여 아버지께는 모든 것이 가능하오니 이 잔을 내게서 옮기시옵소서 그러나 나의 원대로 마시옵고 아버지의 원대로 하옵소서 하시고

마 6:9 그러므로 너희는 이렇게 기도하라 하늘에 계신 우리 아버지여 이름이 거룩히 여김을 받으시오며

요 1:12 영접하는 자 곧 그 이름을 믿는 자들에게는 하나님의 자녀가 되는 권세를 주셨으니

요 17:2 아버지께서 아들에게 주신 모든 사람에게 영생을 주게 하시려고 만민을 다스리는 권세를 아들에게 주셨음이로소이다

요 10:27-30 내 양은 내 음성을 들으며 나는 그들을 알며 그들은 나를 따르느니라 내가 그들에게 영생을 주노니 영원히 멸망하지 아니할 것이요 또 그들을 내 손에서 빼앗을 자가 없느니라 그들을 주신 내 아버지는 만물보다 크시매 아무도 아버지 손에서 빼앗을 수 없느니라 나와 아버지는 하나이니라 하신대

♥ **고백**(2-3분) – 우리가 죄를 품고 있으면 하나님은 우리 기도를 듣지 않으십니다. 이 시간은 조용히 침묵하는 가운데 우리의 죄를 고백하는 기도를 하겠습니다. (2-3분 후)
만일 우리가 우리 죄를 자백하면 하나님께서는 신실하시고 의로우심으로 우리 죄를 용서하시고 모든 불의에서 우리를 깨끗케 하신다고 하신 말씀대로 우리의 죄가 그리스도의 보혈로 깨끗하게 씻겨졌음을 믿습니다. 이제 우리를 온전히 다스리시고, 성령으로 충만케 하여 주시옵소서. 아멘!

♥ **감사**(5-8분) – 이제 기도 응답과 베푸신 은혜에 대해 **하나님께 감사기도를 드리겠습니다**(이 시간에 간구는 하지 않습니다.).

자녀 이름: 자녀 이름:

♥ **중보 (30-40분)** – (대화식 합심기도는 언제나 짧고 Short, 간단하게 Simple, 구체적으로 Specific 합니다.)

① **이제 우리 자녀를 위해 중보기도하겠습니다.**

♡ **먼저 ○○를 위해 성구기도하겠습니다.**

_____가 하나님이 자기 아빠 아버지이심을 믿고 인생 전반에 걸쳐 매일 매 순간 자기 원대로가 아니라 아빠 아버지의 원대로 살게 하소서(막 14:36).

성구 확장 기도

♡ **○○를 위해 구체적인 기도를 하겠습니다.**

자녀 이름:	자녀 이름:

② **학교 선생님을 위해 기도하겠습니다.**

신자일 때: _____ 선생님이 긍휼하심을 받고 때를 따라 돕는 은혜를 얻기 위하여 하나님의 은혜의 보좌 앞에 담대히 나아가게 하소서. 모든 학생들을 위하여 늘 일일이 기도하는 선생님이 되게 하소서(히 4:16).

불신자일 때: _____ 선생님이 예수님을 태초부터 계신 말씀, 곧 하나님이시라는 진리를 믿고, 예수님을 영접하여 하나님의 자녀가 되는 권세를 받아 그 권세로 학생들을 사랑하며 가르치게 하소서(요 1:1-13).

구체적인 기도 제목: _____

③ **학교를 위해 기도하겠습니다.** _____

④ **주일학교 선생님을 위해 기도하겠습니다.** _____

⑤ **주일학교 주요 사안(주일학교 부서)을 위해 기도하겠습니다.** _____

⑥ **기도하는 엄마들 사역을 위해 기도달력으로 기도하겠습니다**(당월 기도달력을 홈페이지에서 다운받아 모일 때마다 한 주 분씩 기도해 주십시오. www.mip.or.kr).

♥ **마무리** – 오늘도 우리의 기도를 들으시는 하나님께 감사와 영광을 올려드리며 예수님의 이름으로 기도드립니다. 아멘!

♥ 모임 내에서 기도한 내용은 모임 안에 남아야 함을 잊지 마십시오!!

10주 ♥ 감찰하시는 하나님(엘 로이)

한국 기도하는 엄마들　　　　　　　　　　•날짜: 20____년 ____월 ____일 (____요일) ____시

♥ **찬양**(8-10분) – 이제 **감찰하시는 하나님을 선포하고 찬양하겠습니다**(하나님의 속성, 이름, 성품으로 하나님을 찬양하십시오. 이 시간은 기도 응답이나 기도 제목을 나누는 시간이 아닙니다. 찬양만 하십시오.).

우리 인생에 해결되지 않은 응어리가 우리를 평생 집요하게 따라다닐 수 있습니다. 모든 것이 합력해서 선을 이룬다고 약속하신 주권자 하나님은 어디 계시단 말입니까? 하나님은 내게 지금 무슨 일이 일어나고 있는지 아실까요? 과연 보고 계실까요? 예, 그렇습니다. 그분은 보시는 하나님 '엘 로이'십니다. 무소부재하신 하나님은 바로 지금 여러분과 함께 계십니다. 결코 주무시지 않고 졸지도 않으시며, 여러분을 굽어살피시고 지키시고 인도하십니다.

창 16:13-14　　하갈이 자기에게 이르신 여호와의 이름을 나를 살피시는 하나님이라 하였으니 이는 내가 어떻게 여기서 나를 살피시는 하나님을 뵈었는고 함이라 이러므로 그 샘을 브엘라해로이라 불렀으며 그것은 가데스와 베렛 사이에 있더라

대하 16:9a　　여호와의 눈은 온 땅을 두루 감찰하사 전심으로 자기에게 향하는 자들을 위하여 능력을 베푸시나니

시 33:13-15　　여호와께서 하늘에서 굽어보사 모든 인생을 살피심이여 곧 그가 거하시는 곳에서 세상의 모든 거민들을 굽어살피시는도다 그는 그들 모두의 마음을 지으시며 그들이 하는 일을 굽어살피시는 이로다

시 121:3　　여호와께서 너를 실족하지 아니하게 하시며 너를 지키시는 이가 졸지 아니하시리로다

시 121:5-8　　여호와는 너를 지키시는 이시라 여호와께서 네 오른쪽에서 네 그늘이 되시나니 낮의 해가 너를 상하게 하지 아니하며 밤의 달도 너를 해치지 아니하리로다 여호와께서 너를 지켜 모든 환난을 면하게 하시며 또 네 영혼을 지키시리로다 여호와께서 너의 출입을 지금부터 영원까지 지키시리로다

잠 15:3　　여호와의 눈은 어디서든지 악인과 선인을 감찰하시느니라

♥ **고백**(2-3분) – 우리가 죄를 품고 있으면 하나님은 우리 기도를 듣지 않으십니다.
이 시간은 조용히 침묵하는 가운데 우리의 죄를 고백하는 기도를 하겠습니다. (2-3분 후)

만일 우리가 우리 죄를 자백하면 하나님께서는 신실하시고 의로우심으로 우리 죄를 용서하시고 모든 불의에서 우리를 깨끗케 하신다고 하신 말씀대로 우리의 죄가 그리스도의 보혈로 깨끗하게 씻겨졌음을 믿습니다. 이제 우리를 온전히 다스리시고, 성령으로 충만케 하여 주시옵소서. 아멘!

♥ **감사**(5-8분) – 이제 기도 응답과 베푸신 은혜에 대해 **하나님께 감사기도를 드리겠습니다**(이 시간에 간구는 하지 않습니다.).

자녀 이름:　　　　　　　　　　　　　　　　자녀 이름:

_____　_____

_____　_____

_____　_____

♥ **중보 (30-40분)** – (대화식 합심기도는 언제나 짧고 Short, 간단하게 Simple, 구체적으로 Specific 합니다.)

① **이제 우리 자녀를 위해 중보기도하겠습니다.**

♡ **먼저 ○○를 위해 성구기도하겠습니다.**

_____가 감찰하시는 하나님에게 전심으로 향하게 하사 자기를 위하여 능력을 베푸시는 '엘 로이' 하나님을 날마다 경험하게 하소서(대하 16:9a).

성구 확장 기도

♡ **○○를 위해 구체적인 기도를 하겠습니다.**

자녀 이름:	자녀 이름:

② **학교 선생님을 위해 기도하겠습니다.**

신자일 때: _____ 선생님이 긍휼하심을 받고 때를 따라 돕는 은혜를 얻기 위하여 하나님의 은혜의 보좌 앞에 담대히 나아가게 하소서. 모든 학생들을 위하여 늘 일일이 기도하는 선생님이 되게 하소서(히 4:16).

불신자일 때: _____ 선생님이 예수님을 태초부터 계신 말씀, 곧 하나님이시라는 진리를 믿고, 예수님을 영접하여 하나님의 자녀가 되는 권세를 받아 그 권세로 학생들을 사랑하며 가르치게 하소서(요 1:1-13).

구체적인 기도 제목: _____

③ **학교를 위해 기도하겠습니다.** _____

④ **주일학교 선생님을 위해 기도하겠습니다.** _____

⑤ **주일학교 주요 사안(주일학교 부서)을 위해 기도하겠습니다.** _____

⑥ **기도하는 엄마들 사역을 위해 기도달력으로 기도하겠습니다**(당월 기도달력을 홈페이지에서 다운받아 모일 때마다 한 주 분씩 기도해 주십시오. www.mip.or.kr).

♥ **마무리** – 오늘도 우리의 기도를 들으시는 하나님께 감사와 영광을 올려드리며 예수님의 이름으로 기도드립니다. 아멘!

♥ 모임 내에서 기도한 내용은 모임 안에 남아야 함을 잊지 마십시오!!

11주 ♥ 전능하신 하나님(엘 샤다이)

한국 기도하는 엄마들　　　　　　　　　　• 날짜: 20____년 ____월 ____일 (____요일) ____시

♥ **찬양**(8-10분) – 이제 **전능하신 하나님을 선포하고 찬양하겠습니다**(하나님의 속성, 이름, 성품으로 하나님을 찬양하십시오. 이 시간은 기도 응답이나 기도 제목을 나누는 시간이 아닙니다. 찬양만 하십시오.).

'엘 샤다이'는 여인의 '젖, 가슴, 품'에서 나온 말입니다. 하나님이야말로 모든 것을 풍성하게 가지고 계신 분입니다. 불가능이 없으신 분입니다. 아브라함이 처음으로 하나님을 자기의 '엘 샤다이'로 알았을 때 그는 하나님께 엎드려 경배했습니다.

창 17:1-5　　아브람이 구십구 세 때에 여호와께서 아브람에게 나타나서 그에게 이르시되 나는 전능한 하나님이라 너는 내 앞에서 행하여 완전하라 내가 내 언약을 나와 너 사이에 두어 너를 크게 번성하게 하리라 하시니 아브람이 엎드렸더니 하나님이 또 그에게 말씀하여 이르시되 보라 내 언약이 너와 함께 있으니 너는 여러 민족의 아버지가 될지라 이제 후로는 네 이름을 아브람이라 하지 아니하고 아브라함이라 하리니 이는 내가 너를 여러 민족의 아버지가 되게 함이니라

창 28:3　　전능하신 하나님이 네게 복을 주시어 네가 생육하고 번성하게 하여 네가 여러 족속을 이루게 하시고

창 35:11　　하나님이 그에게 이르시되 나는 전능한 하나님이라 생육하며 번성하라 한 백성과 백성들의 총회가 네게서 나오고 왕들이 네 허리에서 나오리라

출 6:3　　내가 아브라함과 이삭과 야곱에게 전능의 하나님으로 나타났으나 나의 이름을 여호와로는 그들에게 알리지 아니하였고

고후 12:9-10　　나에게 이르시기를 내 은혜가 네게 족하도다 이는 내 능력이 약한 데서 온전하여짐이라 하신지라 그러므로 도리어 크게 기뻐함으로 나의 여러 약한 것들에 대하여 자랑하리니 이는 그리스도의 능력이 내게 머물게 하려 함이라 그러므로 내가 그리스도를 위하여 약한 것들과 능욕과 궁핍과 박해와 곤고를 기뻐하노니 이는 내가 약한 그 때에 강함이라

♥ **고백**(2-3분) – 우리가 죄를 품고 있으면 하나님은 우리 기도를 듣지 않으십니다.
　　　　　　　이 시간은 조용히 침묵하는 가운데 우리의 죄를 고백하는 기도를 하겠습니다. (2-3분 후)
　　　　　　　만일 우리가 우리 죄를 자백하면 하나님께서는 신실하시고 의로우심으로 우리 죄를 용서하시고 모든 불의에서 우리를 깨끗케 하신다고 하신 말씀대로 우리의 죄가 그리스도의 보혈로 깨끗하게 씻겨졌음을 믿습니다. 이제 우리를 온전히 다스리시고, 성령으로 충만케 하여 주시옵소서. 아멘!

♥ **감사**(5-8분) – 이제 기도 응답과 베푸신 은혜에 대해 **하나님께 감사기도를 드리겠습니다**(이 시간에 간구는 하지 않습니다.).

자녀 이름:　　　　　　　　　　　　　　　　자녀 이름:

_____

_____

_____

_____

♥ **중보 (30-40분)** – (대화식 합심기도는 언제나 짧고 Short, 간단하게 Simple, 구체적으로 Specific 합니다.)

① 이제 우리 자녀를 위해 중보기도하겠습니다.

♡ 먼저 ○○를 위해 성구기도하겠습니다.

주님의 은혜가 _____에게 족합니다. 이는 '엘 샤다이' 주님의 능력이 _____의 약한 데서 온전하여지기 때문입니다(고후 12:9).

성구 확장 기도

♡ ○○를 위해 구체적인 기도를 하겠습니다.

자녀 이름:	자녀 이름:

② 학교 선생님을 위해 기도하겠습니다.

신자일 때: _____ 선생님이 긍휼하심을 받고 때를 따라 돕는 은혜를 얻기 위하여 하나님의 은혜의 보좌 앞에 담대히 나아가게 하소서. 모든 학생들을 위하여 늘 일일이 기도하는 선생님이 되게 하소서(히 4:16).

불신자일 때: _____ 선생님이 예수님을 태초부터 계신 말씀, 곧 하나님이시라는 진리를 믿고, 예수님을 영접하여 하나님의 자녀가 되는 권세를 받아 그 권세로 학생들을 사랑하며 가르치게 하소서(요 1:1-13).

구체적인 기도 제목: _____

③ 학교를 위해 기도하겠습니다. _____

④ 주일학교 선생님을 위해 기도하겠습니다. _____

⑤ 주일학교 주요 사안(주일학교 부서)을 위해 기도하겠습니다. _____

⑥ 기도하는 엄마들 사역을 위해 기도달력으로 기도하겠습니다(당월 기도달력을 홈페이지에서 다운받아 모일 때마다 한 주 분씩 기도해 주십시오. www.mip.or.kr).

♥ **마무리** – 오늘도 우리의 기도를 들으시는 하나님께 감사와 영광을 올려드리며 예수님의 이름으로 기도드립니다. 아멘!

♥ 모임 내에서 기도한 내용은 모임 안에 남아야 함을 잊지 마십시오!!

12주 ♥ 공급하시는 하나님(여호와 이레)

한국 기도하는 엄마들 •날짜: 20___년 ___월 ___일 (___요일) ___시

♥ **찬양**(8-10분) – 이제 공급하시는 하나님을 선포하고 찬양하겠습니다(하나님의 속성, 이름, 성품으로 하나님을 찬양하십시오. 이 시간은 기도 응답이나 기도 제목을 나누는 시간이 아닙니다. 찬양만 하십시오.).

'여호와 이레'는 '여호와께서 준비하신다'는 말입니다. 사람은 대부분의 일을 위해 어느 정도까지는 준비할 수 있으나 결코 죽음과 그 이후를 스스로의 힘으로 준비할 수 없습니다. 오직 한 분의 준비자가 계십니다. 바로 '여호와 이레'이십니다. 자기 안에 본질적 생명을 소유하고 계신 그분만이 죄인에게 영원히 살길을 공급하실 수 있는 유일한 분입니다. 그분은 세상 죄를 지고 가는 하나님의 어린 양을 우리에게 보내 주심으로 그것을 이루셨습니다.

창 22:13-14   아브라함이 눈을 들어 살펴본즉 한 숫양이 뒤에 있는데 뿔이 수풀에 걸려 있는지라 아브라함이 가서 그 숫양을 가져다가 아들을 대신하여 번제로 드렸더라 아브라함이 그 땅 이름을 여호와 이레라 하였으므로 오늘날까지 사람들이 이르기를 여호와의 산에서 준비되리라 하더라

마 6:29-30   그러나 내가 너희에게 말하노니 솔로몬의 모든 영광으로도 입은 것이 이 꽃 하나만 같지 못하였느니라 오늘 있다가 내일 아궁이에 던져지는 들풀도 하나님이 이렇게 입히시거든 하물며 너희일까보냐 믿음이 작은 자들아

롬 8:32   자기 아들을 아끼지 아니하시고 우리 모든 사람을 위하여 내주신 이가 어찌 그 아들과 함께 모든 것을 우리에게 주시지 아니하겠느냐

빌 4:19   나의 하나님이 그리스도 예수 안에서 영광 가운데 그 풍성한 대로 너희 모든 쓸 것을 채우시리라

딤전 6:17-18   네가 이 세대에서 부한 자들을 명하여 마음을 높이지 말고 정함이 없는 재물에 소망을 두지 말고 오직 우리에게 모든 것을 후히 주사 누리게 하시는 하나님께 두며 선을 행하고 선한 사업을 많이 하고 나누어 주기를 좋아하며 너그러운 자가 되게 하라

♥ **고백**(2-3분) – 우리가 죄를 품고 있으면 하나님은 우리 기도를 듣지 않으십니다.
이 시간은 조용히 침묵하는 가운데 우리의 죄를 고백하는 기도를 하겠습니다. (2-3분 후)
만일 우리가 우리 죄를 자백하면 하나님께서는 신실하시고 의로우심으로 우리 죄를 용서하시고 모든 불의에서 우리를 깨끗케 하신다고 하신 말씀대로 우리의 죄가 그리스도의 보혈로 깨끗하게 씻겨졌음을 믿습니다. 이제 우리를 온전히 다스리시고, 성령으로 충만케 하여 주시옵소서. 아멘!

♥ **감사**(5-8분) – 이제 기도 응답과 베푸신 은혜에 대해 하나님께 감사기도를 드리겠습니다(이 시간에 간구는 하지 않습니다.).

자녀 이름: 자녀 이름:

_____   _____

_____   _____

_____   _____

♥ **중보(30-40분)** – (대화식 합심기도는 언제나 짧고 Short, 간단하게 Simple, 구체적으로 Specific 합니다.)

① 이제 우리 자녀를 위해 중보기도하겠습니다.

♡ 먼저 ○○를 위해 성구기도하겠습니다.

_____가 정함이 없는 재물에 소망을 두지 않고 오직 모든 것을 후히 주사 누리게 하시는 '여호와 이레' 하나님께 진정한 소망을 두게 하소서. 또한 선을 행하고 선한 사업을 많이 하고 나누어 주기를 좋아하며 너그러운 자가 되게 하소서(딤전 6:17-18).

성구 확장 기도

♡ ○○를 위해 구체적인 기도를 하겠습니다.

자녀 이름:	자녀 이름:

② 학교 선생님을 위해 기도하겠습니다.

신자일 때: _____ 선생님이 긍휼하심을 받고 때를 따라 돕는 은혜를 얻기 위하여 하나님의 은혜의 보좌 앞에 담대히 나아가게 하소서. 모든 학생들을 위하여 늘 일일이 기도하는 선생님이 되게 하소서(히 4:16).

불신자일 때: _____ 선생님이 예수님을 태초부터 계신 말씀, 곧 하나님이시라는 진리를 믿고, 예수님을 영접하여 하나님의 자녀가 되는 권세를 받아 그 권세로 학생들을 사랑하며 가르치게 하소서(요 1:1-13).

구체적인 기도 제목: _____

③ 학교를 위해 기도하겠습니다. _____

④ 주일학교 선생님을 위해 기도하겠습니다. _____

⑤ 주일학교 주요 사안(주일학교 부서)을 위해 기도하겠습니다. _____

⑥ 기도하는 엄마들 사역을 위해 기도달력으로 기도하겠습니다(당월 기도달력을 홈페이지에서 다운받아 모일 때마다 한 주 분씩 기도해 주십시오. **www.mip.or.kr**).

♥ **마무리** – 오늘도 우리의 기도를 들으시는 하나님께 감사와 영광을 올려드리며 예수님의 이름으로 기도드립니다. 아멘!

♥ 모임 내에서 기도한 내용은 모임 안에 남아야 함을 잊지 마십시오!!

기도하는 엄마들 **기도일지 ❸**

_____ 년 _____ 월 기도달력

♥ MEMO ♥

13주 ♥ 주인이신 하나님(아도나이)

한국 기도하는 엄마들 • 날짜: 20___년 ___월 ___일 (___요일) ___시

♥ **찬양(8-10분)** – 이제 **주인이신 하나님**을 선포하고 찬양하겠습니다(하나님의 속성, 이름, 성품으로 하나님을 찬양하십시오. 이 시간은 기도 응답이나 기도 제목을 나누는 시간이 아닙니다. 찬양만 하십시오.).

'아도나이'는 하나님이 우리의 참 주인이시요, 우리는 그분의 종이라는 관계적인 의미를 지닌 이름입니다. 하나님의 주 되심은 '하나님이 나를 전적으로 소유하시는 것과 주인 되시는 하나님께 내가 전적으로 복종하는 것'을 의미합니다. 종 된 우리가 풍성한 주인이신 하나님의 풍성한 복을 경험할 수 있는 방법은 하나님이 우리의 주인이시라는 것을 아는 것 외에는 없습니다.

시 16:2b	주는 나의 주님이시오니 주 밖에는 나의 복이 없다 하였나이다
시 73:25	하늘에서는 주 외에 누가 내게 있으리요 땅에서는 주 밖에 내가 사모할 이 없나이다
시 54:4	하나님은 나를 돕는 이시며 주께서는 내 생명을 붙들어 주시는 이시니이다
시 123:2	상전의 손을 바라보는 종들의 눈 같이, 여주인의 손을 바라보는 여종의 눈 같이 우리의 눈이 여호와 우리 하나님을 바라보며 우리에게 은혜 베풀어 주시기를 기다리나이다
시 145:15-16	모든 사람의 눈이 주를 앙망하오니 주는 때를 따라 그들에게 먹을 것을 주시며 손을 펴사 모든 생물의 소원을 만족하게 하시나이다
마 6:24	한 사람이 두 주인을 섬기지 못할 것이니 혹 이를 미워하고 저를 사랑하거나 혹 이를 중히 여기고 저를 경히 여김이라 너희가 하나님과 재물을 겸하여 섬기지 못하느니라
마 7:21	나더러 주여 주여 하는 자마다 다 천국에 들어갈 것이 아니요 다만 하늘에 계신 내 아버지의 뜻대로 행하는 자라야 들어가리라

♥ **고백 (2-3분)** – 우리가 죄를 품고 있으면 하나님은 우리 기도를 듣지 않으십니다.
이 시간은 조용히 침묵하는 가운데 우리의 죄를 고백하는 기도를 하겠습니다. (2-3분 후)

만일 우리가 우리 죄를 자백하면 하나님께서는 신실하시고 의로우심으로 우리 죄를 용서하시고 모든 불의에서 우리를 깨끗게 하신다고 하신 말씀대로 우리의 죄가 그리스도의 보혈로 깨끗하게 씻겨졌음을 믿습니다. 이제 우리를 온전히 다스리시고, 성령으로 충만케 하여 주시옵소서. 아멘!

♥ **감사 (5-8분)** – 이제 기도 응답과 베푸신 은혜에 대해 하나님께 감사기도를 드리겠습니다(이 시간에 간구는 하지 않습니다.).

자녀 이름:	자녀 이름:

♥ **중보 (30-40분)** – (대화식 합심기도는 언제나 짧고 Short, 간단하게 Simple, 구체적으로 Specific 합니다.)

① **이제 우리 자녀를 위해 중보기도하겠습니다.**

♡ **먼저 ○○를 위해 성구기도하겠습니다.**

_____가 말로만 주여 주여 하지 않게 하소서. 하늘에 계신 아버지의 뜻대로 행하여 천국에 넉넉히 들어가게 하소서(마 7:21).

성구 확장 기도

♡ **○○를 위해 구체적인 기도를 하겠습니다.**

자녀 이름:	자녀 이름:

② **학교 선생님을 위해 기도하겠습니다.**

신자일 때: _____ 선생님이 긍휼하심을 받고 때를 따라 돕는 은혜를 얻기 위하여 하나님의 은혜의 보좌 앞에 담대히 나아가게 하소서. 모든 학생들을 위하여 늘 일일이 기도하는 선생님이 되게 하소서(히 4:16).

불신자일 때: _____ 선생님이 예수님을 태초부터 계신 말씀, 곧 하나님이시라는 진리를 믿고, 예수님을 영접하여 하나님의 자녀가 되는 권세를 받아 그 권세로 학생들을 사랑하며 가르치게 하소서(요 1:1-13).

구체적인 기도 제목: _____

③ **학교를 위해 기도하겠습니다.** _____

④ **주일학교 선생님을 위해 기도하겠습니다.** _____

⑤ **주일학교 주요 사안(주일학교 부서)을 위해 기도하겠습니다.** _____

⑥ **기도하는 엄마들 사역을 위해 기도달력으로 기도하겠습니다**(당월 기도달력을 홈페이지에서 다운받아 모일 때마다 한 주 분씩 기도해 주십시오. www.mip.or.kr).

♥ **마무리** – 오늘도 우리의 기도를 들으시는 하나님께 감사와 영광을 올려드리며 예수님의 이름으로 기도드립니다. 아멘!

♥ 모임 내에서 기도한 내용은 모임 안에 남아야 함을 잊지 마십시오!!

14주 ♥ 치유자 하나님(여호와 로페)

한국 기도하는 엄마들　　　　　　　　　　• 날짜: 20___년 ___월 ___일 (___요일) ___시

♥ **찬양**(8-10분) – 이제 치유자 하나님을 선포하고 찬양하겠습니다(하나님의 속성, 이름, 성품으로 하나님을 찬양하십시오. 이 시간은 기도 응답이나 기도 제목을 나누는 시간이 아닙니다. 찬양만 하십시오.).

하나님은 모든 치유의 근원이십니다. '여호와 로페' 하나님께 기도할 때, 우리 안에 숨어 있는 어떤 죄를 드러내 주신다면, 용서를 구한 뒤 치유를 위해 기도하십시오. 성경에서 예수님은 위대한 의사, 몸과 마음과 영혼의 상처를 치유하시는 분으로 묘사됩니다.

출 15:26　　이르시되 너희가 너희 하나님 나 여호와의 말을 들어 순종하고 내가 보기에 의를 행하며 내 계명에 귀를 기울이며 내 모든 규례를 지키면 내가 애굽 사람에게 내린 모든 질병 중 하나도 너희에게 내리지 아니하리니 나는 너희를 치료하는 여호와임이라

왕하 20:5　　너는 돌아가서 내 백성의 주권자 히스기야에게 이르기를 왕의 조상 다윗의 하나님 여호와의 말씀이 내가 네 기도를 들었고 네 눈물을 보았노라 내가 너를 낫게 하리니 네가 삼 일 만에 여호와의 성전에 올라가겠고

마 8:16　　저물매 사람들이 귀신 들린 자를 많이 데리고 예수께 오거늘 예수께서 말씀으로 귀신들을 쫓아 내시고 병든 자들을 다 고치시니

약 5:14-15　　너희 중에 병든 자가 있느냐 그는 교회의 장로들을 청할 것이요 그들은 주의 이름으로 기름을 바르며 그를 위하여 기도할지니라 믿음의 기도는 병든 자를 구원하리니 주께서 그를 일으키시리라 혹시 죄를 범하였을지라도 사하심을 받으리라

막 1:40-42　　한 나병환자가 예수께 와서 꿇어 엎드려 간구하여 이르되 원하시면 저를 깨끗하게 하실 수 있나이다 예수께서 불쌍히 여기사 손을 내밀어 그에게 대시며 이르시되 내가 원하노니 깨끗함을 받으라 하시니 곧 나병이 그 사람에게서 떠나가고 깨끗하여진지라

♥ **고백**(2-3분) – 우리가 죄를 품고 있으면 하나님은 우리 기도를 듣지 않으십니다.
　　　　　　　이 시간은 조용히 침묵하는 가운데 우리의 죄를 고백하는 기도를 하겠습니다. (2-3분 후)
　　　　　　　만일 우리가 우리 죄를 자백하면 하나님께서는 신실하시고 의로우심으로 우리 죄를 용서하시고 모든 불의에서 우리를 깨끗케 하신다고 하신 말씀대로 우리의 죄가 그리스도의 보혈로 깨끗하게 씻겨졌음을 믿습니다. 이제 우리를 온전히 다스리시고, 성령으로 충만케 하여 주시옵소서. 아멘!

♥ **감사**(5-8분) – 이제 기도 응답과 베푸신 은혜에 대해 하나님께 감사기도를 드리겠습니다(이 시간에 간구는 하지 않습니다.).

자녀 이름:　　　　　　　　　　　　　　　　　자녀 이름:

_____　_____

_____　_____

_____　_____

♥ **중보 (30-40분)** – (대화식 합심기도는 언제나 짧고 Short, 간단하게 Simple, 구체적으로 Specific 합니다.)

① 이제 우리 자녀를 위해 중보기도하겠습니다.

♡ 먼저 ○○를 위해 성구기도하겠습니다.

_____가 하나님의 말씀에 순종하여 하나님 보시기에 의를 행하고 하나님의 말씀에 귀를 기울이며 하나님의 모든 규례를 잘 지켜, 치료하시는 하나님을 경험하여 알게 하소서(출 15:26).

성구 확장 기도

♡ ○○를 위해 구체적인 기도를 하겠습니다.

자녀 이름:	자녀 이름:

② 학교 선생님을 위해 기도하겠습니다.

신자일 때: _____ 선생님이 긍휼하심을 받고 때를 따라 돕는 은혜를 얻기 위하여 하나님의 은혜의 보좌 앞에 담대히 나아가게 하소서. 모든 학생들을 위하여 늘 일일이 기도하는 선생님이 되게 하소서(히 4:16).

불신자일 때: _____ 선생님이 예수님을 태초부터 계신 말씀, 곧 하나님이시라는 진리를 믿고, 예수님을 영접하여 하나님의 자녀가 되는 권세를 받아 그 권세로 학생들을 사랑하며 가르치게 하소서(요 1:1-13).

구체적인 기도 제목: _____

③ 학교를 위해 기도하겠습니다. _____

④ 주일학교 선생님을 위해 기도하겠습니다. _____

⑤ 주일학교 주요 사안(주일학교 부서)을 위해 기도하겠습니다. _____

⑥ 기도하는 엄마들 사역을 위해 기도달력으로 기도하겠습니다(당월 기도달력을 홈페이지에서 다운받아 모일 때마다 한 주 분씩 기도해 주십시오. www.mip.or.kr).

♥ **마무리** – 오늘도 우리의 기도를 들으시는 하나님께 감사와 영광을 올려드리며 예수님의 이름으로 기도드립니다. 아멘!

♥ 모임 내에서 기도한 내용은 모임 안에 남아야 함을 잊지 마십시오!!

15주 ♥ 여호와는 나의 깃발 (여호와 닛시)

한국 기도하는 엄마들 ・날짜: 20____년____월____일(____요일)____시

♥ **찬양 (8-10분)** – 이제 여호와는 나의 깃발이심을 선포하고 찬양하겠습니다(하나님의 속성, 이름, 성품으로 하나님을 찬양하십시오. 이 시간은 기도 응답이나 기도 제목을 나누는 시간이 아닙니다. 찬양만 하십시오.).

깃발은 군악대나 군단의 맨 앞에 게양된 군기로써 행군의 노선을 알리거나 집결 지점을 표시해 주었다고 합니다. 하나님의 자녀에게 가장 큰 적은 바로 아말렉과 같은 육신의 생각입니다. 그러나 '여호와 닛시'께서 아말렉과 같은 육신과 더불어 싸우시고 승리하십니다.

출 17:9-16 모세가 여호수아에게 이르되 우리를 위하여 사람들을 택하여 나가서 아말렉과 싸우라 내일 내가 하나님의 지팡이를 손에 잡고 산 꼭대기에 서리라 여호수아가 모세의 말대로 행하여 아말렉과 싸우고 모세와 아론과 훌은 산 꼭대기에 올라가서 모세가 손을 들면 이스라엘이 이기고 손을 내리면 아말렉이 이기더니… 여호수아가 칼날로 아말렉과 그 백성을 쳐서 무찌르니라 여호와께서 모세에게 이르시되 이것을 책에 기록하여 기념하게 하고 여호수아의 귀에 외워 들리라 내가 아말렉을 없이하여 천하에서 기억도 못 하게 하리라 모세가 제단을 쌓고 그 이름을 여호와 닛시라 하고 이르되 여호와께서 맹세하시기를 여호와가 아말렉과 더불어 대대로 싸우리라 하셨다 하였더라

시 20:5 우리가 너의 승리로 말미암아 개가를 부르며 우리 하나님의 이름으로 우리의 깃발을 세우리니 여호와께서 네 모든 기도를 이루어 주시기를 원하노라

시 60:4 주를 경외하는 자에게 깃발을 주시고 진리를 위하여 달게 하셨나이다

아 2:4 그가 나를 인도하여 잔칫집에 들어갔으니 그 사랑은 내 위에 깃발이로구나

요 3:14-15 모세가 광야에서 뱀을 든 것 같이 인자도 들려야 하리니 이는 그를 믿는 자마다 영생을 얻게 하려 하심이니라

사 11:10 그 날에 이새의 뿌리에서 한 싹이 나서 만민의 기치로 설 것이요 열방이 그에게로 돌아오리니 그가 거한 곳이 영화로우리라

♥ **고백 (2-3분)** – 우리가 죄를 품고 있으면 하나님은 우리 기도를 듣지 않으십니다.
이 시간은 조용히 침묵하는 가운데 우리의 죄를 고백하는 기도를 하겠습니다. (2-3분 후)
만일 우리가 우리 죄를 자백하면 하나님께서는 신실하시고 의로우심으로 우리 죄를 용서하시고 모든 불의에서 우리를 깨끗하게 하신다고 하신 말씀대로 우리의 죄가 그리스도의 보혈로 깨끗하게 씻겨졌음을 믿습니다. 이제 우리를 온전히 다스리시고, 성령으로 충만케 하여 주시옵소서. 아멘!

♥ **감사 (5-8분)** – 이제 기도 응답과 베푸신 은혜에 대해 하나님께 감사기도를 드리겠습니다(이 시간에 간구는 하지 않습니다.).

자녀 이름: 자녀 이름:

♥ **중보 (30-40분)** – (대화식 합심기도는 언제나 짧고 Short, 간단하게 Simple, 구체적으로 Specific 합니다.)

① **이제 우리 자녀를 위해 중보기도하겠습니다.**

♡ **먼저 ○○를 위해 성구기도하겠습니다.**

_____가 주를 경외하는 자가 되게 하소서. _____에게 '여호와 닛시' 승리의 깃발을 주시고 진리를 위하여 그가 그것을 달게 하소서(시 60:4).

성구 확장 기도

♡ **○○를 위해 구체적인 기도를 하겠습니다.**

자녀 이름:	자녀 이름:

② **학교 선생님을 위해 기도하겠습니다.**

신자일 때: _____ 선생님이 긍휼하심을 받고 때를 따라 돕는 은혜를 얻기 위하여 하나님의 은혜의 보좌 앞에 담대히 나아가게 하소서. 모든 학생들을 위하여 늘 일일이 기도하는 선생님이 되게 하소서(히 4:16).

불신자일 때: _____ 선생님이 예수님을 태초부터 계신 말씀, 곧 하나님이시라는 진리를 믿고, 예수님을 영접하여 하나님의 자녀가 되는 권세를 받아 그 권세로 학생들을 사랑하며 가르치게 하소서(요 1:1-13).

구체적인 기도 제목: _____

③ **학교를 위해 기도하겠습니다.** _____

④ **주일학교 선생님을 위해 기도하겠습니다.** _____

⑤ **주일학교 주요 사안(주일학교 부서)을 위해 기도하겠습니다.** _____

⑥ **기도하는 엄마들 사역을 위해 기도달력으로 기도하겠습니다**(당월 기도달력을 홈페이지에서 다운받아 모일 때마다 한 주 분씩 기도해 주십시오. **www.mip.or.kr**).

♥ **마무리** – 오늘도 우리의 기도를 들으시는 하나님께 감사와 영광을 올려드리며 예수님의 이름으로 기도드립니다. 아멘!

♥ 모임 내에서 기도한 내용은 모임 안에 남아야 함을 잊지 마십시오!!

16주 ♥ 주는 평화(여호와 샬롬)

한국 기도하는 엄마들   • 날짜: 20___년 ___월 ___일 (___요일) ___시

♥ **찬양** (8-10분) – 이제 **여호와 샬롬을 선포하고 찬양하겠습니다**(하나님의 속성, 이름, 성품으로 하나님을 찬양하십시오. 이 시간은 기도 응답이나 기도 제목을 나누는 시간이 아닙니다. 찬양만 하십시오.).

대부분의 사람들은 보통 상황이 어두워지거나 절망적이 되기 전까지는 하나님만이 주실 수 있는 참 평강을 갈망하지도 않고 하나님께 진정으로 감사하지도 않습니다. 그러나 인간은 내면 깊은 곳에서 참 평강을 열망합니다. 우리의 영적, 정신적, 육신적 건강도 많은 부분 평강에 달려 있습니다. 두려움은 우리를 포로로 사로잡습니다. 진정한 평강은 '여호와 샬롬'이신 하나님과의 올바른 관계 속에서만 찾을 수 있으며, 그 결과 다른 사람들과도 평화 가운데 살 수 있게 됩니다.

삿 6:24a	기드온이 여호와를 위하여 거기서 제단을 쌓고 그것을 여호와 샬롬이라 하였더라
빌 4:6-7	아무 것도 염려하지 말고 다만 모든 일에 기도와 간구로, 너희 구할 것을 감사함으로 하나님께 아뢰라 그리하면 모든 지각에 뛰어난 하나님의 평강이 그리스도 예수 안에서 너희 마음과 생각을 지키시리라
시 122:6-7	예루살렘을 위하여 평안을 구하라 예루살렘을 사랑하는 자는 형통하리로다 네 성 안에는 평안이 있고 네 궁중에는 형통함이 있을지어다
사 26:3	주께서 심지가 견고한 자를 평강하고 평강하도록 지키시리니 이는 그가 주를 신뢰함이니이다
렘 29:11-13	여호와의 말씀이니라 너희를 향한 나의 생각을 내가 아나니 평안이요 재앙이 아니니라 너희에게 미래와 희망을 주는 것이니라 너희가 내게 부르짖으며 내게 와서 기도하면 내가 너희들의 기도를 들을 것이요 너희가 온 마음으로 나를 구하면 나를 찾을 것이요 나를 만나리라
갈 5:22-23	오직 성령의 열매는 사랑과 희락과 화평과 오래 참음과 자비와 양선과 충성과 온유와 절제니 이같은 것을 금지할 법이 없느니라

♥ **고백** (2-3분) – 우리가 죄를 품고 있으면 하나님은 우리 기도를 듣지 않으십니다.
이 시간은 조용히 침묵하는 가운데 우리의 죄를 고백하는 기도를 하겠습니다. (2-3분 후)

만일 우리가 우리 죄를 자백하면 하나님께서는 신실하시고 의로우심으로 우리 죄를 용서하시고 모든 불의에서 우리를 깨끗케 하신다고 하신 말씀대로 우리의 죄가 그리스도의 보혈로 깨끗하게 씻겨졌음을 믿습니다. 이제 우리를 온전히 다스리시고, 성령으로 충만케 하여 주시옵소서. 아멘!

♥ **감사** (5-8분) – 이제 **기도 응답과 베푸신 은혜에 대해 하나님께 감사기도를 드리겠습니다**(이 시간에 간구는 하지 않습니다.).

자녀 이름: 자녀 이름:

♥ **중보 (30-40분)** – (대화식 합심기도는 언제나 짧고 Short, 간단하게 Simple, 구체적으로 Specific 합니다.)

① **이제 우리 자녀를 위해 중보기도하겠습니다.**

♡ **먼저 ○○를 위해 성구기도하겠습니다.**

_____가 아무 것도 염려하지 말고 다만 모든 일에 기도와 간구로, 구할 것을 감사함으로 하나님께 아뢰게 하소서. 그리하여 모든 지각에 뛰어난 '여호와 샬롬'의 평강이 그리스도 예수 안에서 그의 마음과 생각을 지켜 주심을 경험하게 하소서(빌 4:6-7).

성구 확장 기도

♡ **○○를 위해 구체적인 기도를 하겠습니다.**

자녀 이름:	자녀 이름:

② **학교 선생님을 위해 기도하겠습니다.**

신자일 때: _____ 선생님이 긍휼하심을 받고 때를 따라 돕는 은혜를 얻기 위하여 하나님의 은혜의 보좌 앞에 담대히 나아가게 하소서. 모든 학생들을 위하여 늘 일일이 기도하는 선생님이 되게 하소서(히 4:16).

불신자일 때: _____ 선생님이 예수님을 태초부터 계신 말씀, 곧 하나님이시라는 진리를 믿고, 예수님을 영접하여 하나님의 자녀가 되는 권세를 받아 그 권세로 학생들을 사랑하며 가르치게 하소서(요 1:1-13).

구체적인 기도 제목: _____

③ **학교를 위해 기도하겠습니다.** _____

④ **주일학교 선생님을 위해 기도하겠습니다.** _____

⑤ **주일학교 주요 사안(주일학교 부서)을 위해 기도하겠습니다.** _____

⑥ **기도하는 엄마들 사역을 위해 기도달력으로 기도하겠습니다**(당월 기도달력을 홈페이지에서 다운받아 모일 때마다 한 주 분씩 기도해 주십시오. **www.mip.or.kr**).

♥ **마무리** – 오늘도 우리의 기도를 들으시는 하나님께 감사와 영광을 올려드리며 예수님의 이름으로 기도드립니다. 아멘!

♥ 모임 내에서 기도한 내용은 모임 안에 남아야 함을 잊지 마십시오!!

기도하는 엄마들 **기도일지 ❸**

_____ 년 _____ 월 기도달력

♥ MEMO ♥

17주 ♥ 만군의 주 하나님 (여호와 사바오트)

한국 기도하는 엄마들　　　　　　　　　　　　• 날짜: 20___년 ___월 ___일 (___요일) ___시

♥ **찬양**(8-10분) – 이제 **만군의 주 하나님을 선포하고 찬양하겠습니다**(하나님의 속성, 이름, 성품으로 하나님을 찬양하십시오. 이 시간은 기도 응답이나 기도 제목을 나누는 시간이 아닙니다. 찬양만 하십시오.).

'만군'이란 말은 '집단, 대중, 군대' 등을 의미합니다. 이것은 천사들이나 천체, 하늘의 군대, 또는 땅 위에 있는 모든 것을 언급할 때 사용되기도 합니다. '여호와 사바오트'는 인간이 극한에 처할 때 부르는 하나님의 이름입니다. 하나님께 선택받은 우리도 실패하거나 시험에 빠질 때에야 비로소 '여호와 사바오트'께 달려갈 필요를 절실히 느낍니다.

삼상 17:45	다윗이 블레셋 사람에게 이르되 너는 칼과 창과 단창으로 내게 나아 오거니와 나는 만군의 여호와의 이름 곧 네가 모욕하는 이스라엘 군대의 하나님의 이름으로 네게 나아가노라
시 46:7	만군의 여호와께서 우리와 함께 하시니 야곱의 하나님은 우리의 피난처시로다 (셀라)
시 46:10-11	이르시기를 너희는 가만히 있어 내가 하나님 됨을 알지어다 내가 뭇 나라 중에서 높임을 받으리라 내가 세계 중에서 높임을 받으리라 하시도다 만군의 여호와께서 우리와 함께 하시니 야곱의 하나님은 우리의 피난처시로다 (셀라)
시 84:12	만군의 여호와여 주께 의지하는 자는 복이 있나이다
사 9:6-7	이는 한 아기가 우리에게 났고 한 아들을 우리에게 주신 바 되었는데 그의 어깨에는 정사를 메었고 그의 이름은 기묘자라, 모사라, 전능하신 하나님이라, 영존하시는 아버지라, 평강의 왕이라 할 것임이라 그 정사와 평강의 더함이 무궁하며 또 다윗의 왕좌와 그의 나라에 군림하여 그 나라를 굳게 세우고 지금 이후로 영원히 정의와 공의로 그것을 보존하실 것이라 만군의 여호와의 열심이 이를 이루시리라
말 3:17	만군의 여호와가 이르노라 나는 내가 정한 날에 그들을 나의 특별한 소유로 삼을 것이요 또 사람이 자기를 섬기는 아들을 아낌 같이 내가 그들을 아끼리니

♥ **고백**(2-3분) – 우리가 죄를 품고 있으면 하나님은 우리 기도를 듣지 않으십니다.
이 시간은 조용히 침묵하는 가운데 우리의 죄를 고백하는 기도를 하겠습니다. (2-3분 후)
만일 우리가 우리 죄를 자백하면 하나님께서는 신실하시고 의로우심으로 우리 죄를 용서하시고 모든 불의에서 우리를 깨끗게 하신다고 하신 말씀대로 우리의 죄가 그리스도의 보혈로 깨끗하게 씻겨졌음을 믿습니다. 이제 우리를 온전히 다스리시고, 성령으로 충만케 하여 주시옵소서. 아멘!

♥ **감사**(5-8분) – 이제 기도 응답과 베푸신 은혜에 대해 하나님께 감사기도를 드리겠습니다(이 시간에 간구는 하지 않습니다.).

자녀 이름:	자녀 이름:

♥ **중보(30-40분)** – (대화식 합심기도는 언제나 짧고 Short, 간단하게 Simple, 구체적으로 Specific 합니다.)

① **이제 우리 자녀를 위해 중보기도하겠습니다.**

♡ 먼저 ○○를 위해 성구기도하겠습니다.

만군의 여호와이신 '여호와 사바오트'께서 _____와 함께 하시니 야곱의 하나님은 _____의 피난처이십니다(시 46:7).

성구 확장 기도

♡ ○○를 위해 구체적인 기도를 하겠습니다.

자녀 이름:	자녀 이름:

② **학교 선생님을 위해 기도하겠습니다.**

신자일 때: _____ 선생님이 긍휼하심을 받고 때를 따라 돕는 은혜를 얻기 위하여 하나님의 은혜의 보좌 앞에 담대히 나아가게 하소서. 모든 학생들을 위하여 늘 일일이 기도하는 선생님이 되게 하소서(히 4:16).

불신자일 때: _____ 선생님이 예수님을 태초부터 계신 말씀, 곧 하나님이시라는 진리를 믿고, 예수님을 영접하여 하나님의 자녀가 되는 권세를 받아 그 권세로 학생들을 사랑하며 가르치게 하소서(요 1:1-13).

구체적인 기도 제목: _____

③ **학교를 위해 기도하겠습니다.** _____

④ **주일학교 선생님을 위해 기도하겠습니다.** _____

⑤ **주일학교 주요 사안(주일학교 부서)을 위해 기도하겠습니다.** _____

⑥ **기도하는 엄마들 사역을 위해 기도달력으로 기도하겠습니다**(당월 기도달력을 홈페이지에서 다운받아 모일 때마다 한 주 분씩 기도해 주십시오. www.mip.or.kr).

♥ **마무리** – 오늘도 우리의 기도를 들으시는 하나님께 감사와 영광을 올려드리며 예수님의 이름으로 기도드립니다. 아멘!

♥ 모임 내에서 기도한 내용은 모임 안에 남아야 함을 잊지 마십시오!!

18주 ♥ 반석이신 여호와 (여호와 추리)

한국 기도하는 엄마들　　　　　　　　　　• 날짜: 20____년 ____월 ____일 (____요일) ____시

♥ **찬양** (8-10분) – 이제 **반석이신 여호와**를 선포하고 **찬양하겠습니다**(하나님의 속성, 이름, 성품으로 하나님을 찬양하십시오. 이 시간은 기도 응답이나 기도 제목을 나누는 시간이 아닙니다. 찬양만 하십시오.).

'반석'이란 우리를 향한 하나님의 영원불변하심과 보호하심과 신실하심을 잘 드러내는 말입니다. 다윗은 자기를 공격하는 사울을 직접 처단하지 않고 '여호와 추리', 즉 반석이신 하나님께 의뢰했습니다. 그는 바위처럼 견고한 하나님의 약속을 믿었습니다. 하나님이 결국 그 상황을 다스리시고 사울을 직접 다루셨으며 다윗은 하나님의 약속대로 이스라엘의 왕이 되었습니다. 그리고 '여호와 추리'를 찬양했습니다.

삼하 22:2-3　이르되 여호와는 나의 반석이시요 나의 요새시요 나를 위하여 나를 건지시는 자시요 내가 피할 나의 반석의 하나님이시요 나의 방패시요 나의 구원의 뿔이시요 나의 높은 망대시요 그에게 피할 나의 피난처시요 나의 구원자시라 나를 폭력에서 구원하셨도다

시 144:1-2　나의 반석이신 여호와를 찬송하리로다 그가 내 손을 가르쳐 싸우게 하시며 손가락을 가르쳐 전쟁하게 하시는도다 여호와는 나의 사랑이시요 나의 요새시요 나의 산성이시요 나를 건지시는 이시요 나의 방패이시니 내가 그에게 피하였고 그가 내 백성을 내게 복종하게 하셨나이다

시 125:1　여호와를 의지하는 자는 시온 산이 흔들리지 아니하고 영원히 있음 같도다

마 7:24-25　그러므로 누구든지 나의 이 말을 듣고 행하는 자는 그 집을 반석 위에 지은 지혜로운 사람 같으리니 비가 내리고 창수가 나고 바람이 불어 그 집에 부딪치되 무너지지 아니하나니 이는 주추를 반석 위에 놓은 까닭이요

벧전 2:6　성경에 기록되었으되 보라 내가 택한 보배로운 모퉁잇돌을 시온에 두노니 그를 믿는 자는 부끄러움을 당하지 아니하리라 하였으니

♥ **고백** (2-3분) – 우리가 죄를 품고 있으면 하나님은 우리 기도를 듣지 않으십니다.
이 시간은 조용히 침묵하는 가운데 우리의 죄를 고백하는 기도를 하겠습니다. (2-3분 후)
만일 우리가 우리 죄를 자백하면 하나님께서는 신실하시고 의로우심으로 우리 죄를 용서하시고 모든 불의에서 우리를 깨끗케 하신다고 하신 말씀대로 우리의 죄가 그리스도의 보혈로 깨끗하게 씻겨졌음을 믿습니다. 이제 우리를 온전히 다스리시고, 성령으로 충만케 하여 주시옵소서. 아멘!

♥ **감사** (5-8분) – 이제 기도 응답과 베푸신 은혜에 대해 하나님께 감사기도를 드리겠습니다(이 시간에 간구는 하지 않습니다.).

자녀 이름:	자녀 이름:

♥ **중보 (30-40분)** – (대화식 합심기도는 언제나 짧고 Short, 간단하게 Simple, 구체적으로 Specific 합니다.)

① 이제 우리 자녀를 위해 중보기도하겠습니다.

♡ 먼저 ○○를 위해 성구기도하겠습니다.

_____가 여호와를 자기의 반석이요, 자기의 요새요, 자기를 위하여 자기를 건지시는 분임을 확실히 믿고 반석이신 '여호와 추리'를 찬양하며 굳센 믿음으로 살아가게 하소서(삼하 22:2).

성구 확장 기도

♡ ○○를 위해 구체적인 기도를 하겠습니다.

자녀 이름:	자녀 이름:

② 학교 선생님을 위해 기도하겠습니다.

신자일 때: _____ 선생님이 긍휼하심을 받고 때를 따라 돕는 은혜를 얻기 위하여 하나님의 은혜의 보좌 앞에 담대히 나아가게 하소서. 모든 학생들을 위하여 늘 일일이 기도하는 선생님이 되게 하소서(히 4:16).

불신자일 때: _____ 선생님이 예수님을 태초부터 계신 말씀, 곧 하나님이시라는 진리를 믿고, 예수님을 영접하여 하나님의 자녀가 되는 권세를 받아 그 권세로 학생들을 사랑하며 가르치게 하소서(요 1:1–13).

구체적인 기도 제목: _____

③ 학교를 위해 기도하겠습니다. _____

④ 주일학교 선생님을 위해 기도하겠습니다. _____

⑤ 주일학교 주요 사안(주일학교 부서)을 위해 기도하겠습니다. _____

⑥ 기도하는 엄마들 사역을 위해 기도달력으로 기도하겠습니다(당월 기도달력을 홈페이지에서 다운받아 모일 때마다 한 주 분씩 기도해 주십시오. **www.mip.or.kr**).

♥ **마무리** – 오늘도 우리의 기도를 들으시는 하나님께 감사와 영광을 올려드리며 예수님의 이름으로 기도드립니다. 아멘!

♥ 모임 내에서 기도한 내용은 모임 안에 남아야 함을 잊지 마십시오!!

19주 ♥ 여호와는 나의 목자 (여호와 라아)

한국 기도하는 엄마들　　　　　　　　　　• 날짜: 20____년 ____월 ____일 (____요일) ____시

♥ **찬양** (8-10분) – 이제 **여호와는 나의 목자**이심을 선포하고 **찬양하겠습니다**(하나님의 속성, 이름, 성품으로 하나님을 찬양하십시오. 이 시간은 기도 응답이나 기도 제목을 나누는 시간이 아닙니다. 찬양만 하십시오.).

목자의 끊임없는 보살핌이 없다면 양들은 위험한 길로 잘못 가기 십상입니다. 좋은 꼴이 있는 초원으로 인도하지 않으면 양은 해로운 풀도 닥치는 대로 먹습니다. 또한 새로운 목초지로 인도하지 않으면 같은 자리에서 판에 박힌 생활을 반복합니다. 쉽게 다른 동물의 먹이가 되기도 합니다. 그들을 보호하고 인도해 주는 목자가 없이는 외부의 공격에 속수무책입니다. 쉽게 낙담하고 그 상태에서 겁을 먹고 죽어 버리기도 합니다. 그러므로 양에게는 반드시 목자가 필요합니다.

시 23:1-2　　여호와는 나의 목자시니 내게 부족함이 없으리로다 그가 나를 푸른 풀밭에 누이시며 쉴 만한 물 가로 인도하시는도다

시 23:4　　　내가 사망의 음침한 골짜기로 다닐지라도 해를 두려워하지 않을 것은 주께서 나와 함께 하심이라 주의 지팡이와 막대기가 나를 안위하시나이다

사 40:10-11　보라 주 여호와께서 장차 강한 자로 임하실 것이요 친히 그의 팔로 다스리실 것이라 보라 상급이 그에게 있고 보응이 그의 앞에 있으며 그는 목자 같이 양 떼를 먹이시며 어린 양을 그 팔로 모아 품에 안으시며 젖먹이는 암컷들을 온순히 인도하시리로다

겔 34:15-16　내가 친히 내 양의 목자가 되어 그것들을 누워 있게 할지라 주 여호와의 말씀이니라 그 잃어버린 자를 내가 찾으며 쫓기는 자를 내가 돌아오게 하며 상한 자를 내가 싸매 주며 병든 자를 내가 강하게 하려니와 살진 자와 강한 자는 내가 없애고 정의대로 그것들을 먹이리라

계 7:17　　　이는 보좌 가운데에 계신 어린 양이 그들의 목자가 되사 생명수 샘으로 인도하시고 하나님께서 그들의 눈에서 모든 눈물을 씻어 주실 것임이라

♥ **고백** (2-3분) – 우리가 죄를 품고 있으면 하나님은 우리 기도를 듣지 않으십니다.
이 시간은 조용히 침묵하는 가운데 우리의 죄를 고백하는 기도를 하겠습니다. (2-3분 후)

만일 우리가 우리 죄를 자백하면 하나님께서는 신실하시고 의로우심으로 우리 죄를 용서하시고 모든 불의에서 우리를 깨끗케 하신다고 하신 말씀대로 우리의 죄가 그리스도의 보혈로 깨끗하게 씻겨졌음을 믿습니다. 이제 우리를 온전히 다스리시고, 성령으로 충만케 하여 주시옵소서. 아멘!

♥ **감사** (5-8분) – 이제 기도 응답과 베푸신 은혜에 대해 **하나님께 감사기도를 드리겠습니다**(이 시간에 간구는 하지 않습니다.).

자녀 이름:	자녀 이름:

♥ **중보**(30-40분) – (대화식 합심기도는 언제나 짧고 Short, 간단하게 Simple, 구체적으로 Specific 합니다.)

① 이제 우리 자녀를 위해 중보기도하겠습니다.

♡ 먼저 ○○를 위해 성구기도하겠습니다.

여호와는 _____ 의 '여호와 라아'시니 _____ 에게 부족함이 없습니다. _____ 를 날마다 푸른 풀밭에 누이시며 쉴 만한 물 가로 인도하소서(시 23:1-2).

성구 확장 기도

♡ ○○를 위해 구체적인 기도를 하겠습니다.

자녀 이름:	자녀 이름:

② 학교 선생님을 위해 기도하겠습니다.

신자일 때: _____ 선생님이 긍휼하심을 받고 때를 따라 돕는 은혜를 얻기 위하여 하나님의 은혜의 보좌 앞에 담대히 나아가게 하소서. 모든 학생들을 위하여 늘 일일이 기도하는 선생님이 되게 하소서(히 4:16).

불신자일 때: _____ 선생님이 예수님을 태초부터 계신 말씀, 곧 하나님이시라는 진리를 믿고, 예수님을 영접하여 하나님의 자녀가 되는 권세를 받아 그 권세로 학생들을 사랑하며 가르치게 하소서(요 1:1-13).

구체적인 기도 제목: _____

③ 학교를 위해 기도하겠습니다. _____

④ 주일학교 선생님을 위해 기도하겠습니다. _____

⑤ 주일학교 주요 사안(주일학교 부서)을 위해 기도하겠습니다. _____

⑥ 기도하는 엄마들 사역을 위해 기도달력으로 기도하겠습니다(당월 기도달력을 홈페이지에서 다운받아 모일 때마다 한 주 분씩 기도해 주십시오. **www.mip.or.kr**).

♥ **마무리** – 오늘도 우리의 기도를 들으시는 하나님께 감사와 영광을 올려드리며 예수님의 이름으로 기도드립니다. 아멘!

♥ 모임 내에서 기도한 내용은 모임 안에 남아야 함을 잊지 마십시오!!

20주 ♥ 지존하신 하나님 (엘 엘리온)

한국 기도하는 엄마들 • 날짜: 20____년 ____월 ____일 (____요일) ____시

♥ **찬양** (8-10분) – 이제 지존하신 하나님을 선포하고 찬양하겠습니다(하나님의 속성, 이름, 성품으로 하나님을 찬양하십시오. 이 시간은 기도 응답이나 기도 제목을 나누는 시간이 아닙니다. 찬양만 하십시오.).

하나님은 '엘 엘리온', 곧 지극히 높으신 분입니다. '엘 엘리온'은 하나님이 모든 우주의 주권적 통치자라는 사실을 나타내는 이름입니다. '엘 엘리온'은 아브라함의 대적을 그의 손에 붙이신 지극히 높으신 하나님이셨으며, 이스라엘의 구속자였습니다. 지금도 하나님은 모든 인간들의 모든 문제를 주관하시는 지극히 높으신 분입니다. 하나님이 만물을 다스리시는 주권자이시므로 하나님의 허락 없이는 그 어떠한 일도 일어날 수 없습니다. 때문에 우리는 안심하고 '엘 엘리온'께 범사에 감사할 수 있습니다.

시 57:2   내가 지존하신 하나님께 부르짖음이여 곧 나를 위하여 모든 것을 이루시는 하나님께로다

시 97:9   여호와여 주는 온 땅 위에 지존하시고 모든 신들보다 위에 계시니이다

단 4:34b-35   이에 내(느부갓네살)가 지극히 높으신 이에게 감사하며 영생하시는 이를 찬양하고 경배하였나니 그 권세는 영원한 권세요 그 나라는 대대에 이르리로다 땅의 모든 사람들을 없는 것 같이 여기시며 하늘의 군대에게든지 땅의 사람에게든지 그는 자기 뜻대로 행하시나니 그의 손을 금하든지 혹시 이르기를 네가 무엇을 하느냐고 할 자가 아무도 없도다

눅 6:35   오직 너희는 원수를 사랑하고 선대하며 아무 것도 바라지 말고 꾸어 주라 그리하면 너희 상이 클 것이요 또 지극히 높으신 이의 아들이 되리니 그는 은혜를 모르는 자와 악한 자에게도 인자하시니라

히 1:3   이는 하나님의 영광의 광채시요 그 본체의 형상이시라 그의 능력의 말씀으로 만물을 붙드시며 죄를 정결하게 하는 일을 하시고 높은 곳에 계신 지극히 크신 이의 우편에 앉으셨느니라

♥ **고백** (2-3분) – 우리가 죄를 품고 있으면 하나님은 우리 기도를 듣지 않으십니다.
이 시간은 조용히 침묵하는 가운데 우리의 죄를 고백하는 기도를 하겠습니다. (2-3분 후)

만일 우리가 우리 죄를 자백하면 하나님께서는 신실하시고 의로우심으로 우리 죄를 용서하시고 모든 불의에서 우리를 깨끗케 하신다고 하신 말씀대로 우리의 죄가 그리스도의 보혈로 깨끗하게 씻겨졌음을 믿습니다. 이제 우리를 온전히 다스리시고, 성령으로 충만케 하여 주시옵소서. 아멘!

♥ **감사** (5-8분) – 이제 기도 응답과 베푸신 은혜에 대해 하나님께 감사기도를 드리겠습니다(이 시간에 간구는 하지 않습니다.).

자녀 이름:	자녀 이름:

♥ **중보 (30-40분)** – (대화식 합심기도는 언제나 짧고 Short, 간단하게 Simple, 구체적으로 Specific 합니다.)

① **이제 우리 자녀를 위해 중보기도하겠습니다.**

♡ **먼저 ○○를 위해 성구기도하겠습니다.**

_____가 원수를 사랑하고 선대하며 아무 것도 바라지 말고 꾸어 주게 하소서. 그리하여 그가 받는 상이 크게 하시며 또 지극히 높으신 하나님의 자녀가 되게 하소서. 하나님께서는 은혜를 모르는 자와 악한 자에게도 인자하시다는 사실을 기억하게 하소서(눅 6:35).

성구 확장 기도

♡ **○○를 위해 구체적인 기도를 하겠습니다.**

자녀 이름:	자녀 이름:

② **학교 선생님을 위해 기도하겠습니다.**

신자일 때: _____ 선생님이 긍휼하심을 받고 때를 따라 돕는 은혜를 얻기 위하여 하나님의 은혜의 보좌 앞에 담대히 나아가게 하소서. 모든 학생들을 위하여 늘 일일이 기도하는 선생님이 되게 하소서(히 4:16).

불신자일 때: _____ 선생님이 예수님을 태초부터 계신 말씀, 곧 하나님이시라는 진리를 믿고, 예수님을 영접하여 하나님의 자녀가 되는 권세를 받아 그 권세로 학생들을 사랑하며 가르치게 하소서(요 1:1-13).

구체적인 기도 제목: _____

③ **학교를 위해 기도하겠습니다.** _____

④ **주일학교 선생님을 위해 기도하겠습니다.** _____

⑤ **주일학교 주요 사안(주일학교 부서)을 위해 기도하겠습니다.** _____

⑥ **기도하는 엄마들 사역을 위해 기도달력으로 기도하겠습니다**(당월 기도달력을 홈페이지에서 다운받아 모일 때마다 한 주 분씩 기도해 주십시오. www.mip.or.kr).

♥ **마무리** – 오늘도 우리의 기도를 들으시는 하나님께 감사와 영광을 올려드리며 예수님의 이름으로 기도드립니다. 아멘!

♥ 모임 내에서 기도한 내용은 모임 안에 남아야 함을 잊지 마십시오!!

기도하는 엄마들 **기도일지 ❸**

_____ 년 _____ 월 기도달력

♥ MEMO ♥

21주 ♥ 거룩하게 하시는 하나님 (여호와 카데쉬)

한국 기도하는 엄마들　　　　　　　　　　• 날짜: 20____년 ____월 ____일 (____요일) ____시

♥ **찬양** (8-10분) – 이제 **거룩하게 하시는 하나님**을 선포하고 **찬양하겠습니다**(하나님의 속성, 이름, 성품으로 하나님을 찬양하십시오. 이 시간은 기도 응답이나 기도 제목을 나누는 시간이 아닙니다. 찬양만 하십시오.).

우리는 예수님을 믿어 영접하는 순간 하나님의 자녀가 됩니다. 그러나 하나님의 자녀가 된다고 해서 죄 문제가 일시에 해결되는 것은 아닙니다. 하나님의 자녀가 되는 순간부터 사탄의 공격은 치열해집니다. 사탄은 우리를 죽이고 멸망시키려고 끊임없이 우리를 유혹하고 공격합니다. 기독교 신앙은 영적 전쟁입니다. 영적 전쟁에서 우리는 죄로부터 도망쳐야 하는 동시에 하나님의 거룩하심을 향해 달려가야 합니다. 그것을 성화라고 합니다. 그리스도인들이 하나님의 거룩하심을 추구하기 위한 기도보다 세상적인 축복과 행복을 추구하는 기도를 더 많이 하는 것은 매우 슬픈 일입니다. 하나님은 거룩하신 분입니다. 또한 우리가 거룩하게 되기를 원하시며 우리를 거룩하게 하시는 '여호와 카데쉬'입니다.

출 31:13	너는 이스라엘 자손에게 말하여 이르기를 너희는 나의 안식일을 지키라 이는 나와 너희 사이에 너희 대대의 표징이니 나는 너희를 거룩하게 하는 여호와인 줄 너희가 알게 함이라
레 20:8	너희는 내 규례를 지켜 행하라 나는 너희를 거룩하게 하는 여호와이니라
레 21:15	그의 자손이 그의 백성 중에서 속되게 하지 말지니 나는 그를 거룩하게 하는 여호와임이니라
레 22:32-33	너희는 내 성호를 속되게 하지 말라 나는 이스라엘 자손 중에서 거룩하게 함을 받을 것이니라 나는 너희를 거룩하게 하는 여호와요 너희의 하나님이 되려고 너희를 애굽 땅에서 인도하여 낸 자니 나는 여호와이니라
롬 12:1	그러므로 형제들아 내가 하나님의 모든 자비하심으로 너희를 권하노니 너희 몸을 하나님이 기뻐하시는 거룩한 산 제물로 드리라 이는 너희가 드릴 영적 예배니라

♥ **고백** (2-3분) – 우리가 죄를 품고 있으면 하나님은 우리 기도를 듣지 않으십니다.
　　　　　　　　이 시간은 조용히 침묵하는 가운데 우리의 죄를 고백하는 기도를 하겠습니다. (2-3분 후)

　　　　　　　　만일 우리가 우리 죄를 자백하면 하나님께서는 신실하시고 의로우심으로 우리 죄를 용서하시고 모든 불의에서 우리를 깨끗케 하신다고 하신 말씀대로 우리의 죄가 그리스도의 보혈로 깨끗하게 씻겨졌음을 믿습니다. 이제 우리를 온전히 다스리시고, 성령으로 충만케 하여 주시옵소서. 아멘!

♥ **감사** (5-8분) – 이제 기도 응답과 베푸신 은혜에 대해 하나님께 감사기도를 드리겠습니다(이 시간에 간구는 하지 않습니다.).

자녀 이름:	자녀 이름:

♥ **중보 (30-40분)** – (대화식 합심기도는 언제나 짧고 Short, 간단하게 Simple, 구체적으로 Specific 합니다.)

① **이제 우리 자녀를 위해 중보기도하겠습니다.**

♡ **먼저 ○○를 위해 성구기도하겠습니다.**

_____가 자기 자신을 죄에 대하여는 죽은 자요 그리스도 예수 안에서 하나님을 대하여는 살아 있는 자로 여기게 하소서(롬 6:11). 그가 자기 몸을 하나님이 기뻐하시는 거룩한 산 제물로 드리게 하소서(롬 12:1).

성구 확장 기도

♡ **○○를 위해 구체적인 기도를 하겠습니다.**

자녀 이름:	자녀 이름:

② **학교 선생님을 위해 기도하겠습니다.**

신자일 때: _____ 선생님이 긍휼하심을 받고 때를 따라 돕는 은혜를 얻기 위하여 하나님의 은혜의 보좌 앞에 담대히 나아가게 하소서. 모든 학생들을 위하여 늘 일일이 기도하는 선생님이 되게 하소서(히 4:16).

불신자일 때: _____ 선생님이 예수님을 태초부터 계신 말씀, 곧 하나님이시라는 진리를 믿고, 예수님을 영접하여 하나님의 자녀가 되는 권세를 받아 그 권세로 학생들을 사랑하며 가르치게 하소서(요 1:1-13).

구체적인 기도 제목: _____

③ **학교를 위해 기도하겠습니다.** _____

④ **주일학교 선생님을 위해 기도하겠습니다.** _____

⑤ **주일학교 주요 사안(주일학교 부서)을 위해 기도하겠습니다.** _____

⑥ **기도하는 엄마들 사역을 위해 기도달력으로 기도하겠습니다**(당월 기도달력을 홈페이지에서 다운받아 모일 때마다 한 주 분씩 기도해 주십시오. **www.mip.or.kr**).

♥ **마무리** – 오늘도 우리의 기도를 들으시는 하나님께 감사와 영광을 올려드리며 예수님의 이름으로 기도드립니다. 아멘!

♥ 모임 내에서 기도한 내용은 모임 안에 남아야 함을 잊지 마십시오!!

22주 ♥ 우리를 지으신 여호와(여호와 오세누)

한국 기도하는 엄마들 • 날짜: 20____년 ____월 ____일 (____요일) ____시

♥ **찬양**(8-10분) – 이제 **우리를 지으신 여호와**를 선포하고 찬양하겠습니다(하나님의 속성, 이름, 성품으로 하나님을 찬양하십시오. 이 시간은 기도 응답이나 기도 제목을 나누는 시간이 아닙니다. 찬양만 하십시오.).

'여호와'는 하나님이고 '오세누'는 만드신 분(maker)이라는 말입니다. 하나님께서는 종종 위기에 처한 백성에게 예배를 통해 하나님을 만나게 하십니다. 어려운 때일수록 하나님의 백성이 해야 할 일은 하나님 앞에 꿇어 엎드리는 예배입니다. 주님을 예배해야 하는 이유가 무엇입니까? 그것은 하나님이 우리를 지으신 분이기 때문입니다. 지금 자녀 문제로 어려우십니까? 우리와 자녀를 지으신 '여호와 오세누'를 예배합시다. 그분께 순종으로 나아갑시다.

창 1:1	태초에 하나님이 천지를 창조하시니라
창 1:27	하나님이 자기 형상 곧 하나님의 형상대로 사람을 창조하시되 남자와 여자를 창조하시고
창 2:7	여호와 하나님이 땅의 흙으로 사람을 지으시고 생기를 그 코에 불어넣으시니 사람이 생령이 되니라
신 32:6	어리석고 지혜 없는 백성아 여호와께 이같이 보답하느냐 그는 네 아버지시요 너를 지으신 이가 아니시냐 그가 너를 만드시고 너를 세우셨도다
시 95:4-5	땅의 깊은 곳이 그의 손 안에 있으며 산들의 높은 곳도 그의 것이로다 바다도 그의 것이라 그가 만드셨고 육지도 그의 손이 지으셨도다
시 95:6	오라 우리가 굽혀 경배하며 우리를 지으신 여호와 앞에 무릎을 꿇자
시 100:3	여호와가 우리 하나님이신 줄 너희는 알지어다 그는 우리를 지으신 이요 우리는 그의 것이니 그의 백성이요 그의 기르시는 양이로다
시 149:2	이스라엘은 자기를 지으신 이로 말미암아 즐거워하며 시온의 주민은 그들의 왕으로 말미암아 즐거워할지어다

♥ **고백**(2-3분) – 우리가 죄를 품고 있으면 하나님은 우리 기도를 듣지 않으십니다.
이 시간은 조용히 침묵하는 가운데 우리의 죄를 고백하는 기도를 하겠습니다. (2-3분 후)

만일 우리가 우리 죄를 자백하면 하나님께서는 신실하시고 의로우심으로 우리 죄를 용서하시고 모든 불의에서 우리를 깨끗게 하신다고 하신 말씀대로 우리의 죄가 그리스도의 보혈로 깨끗하게 씻겨졌음을 믿습니다. 이제 우리를 온전히 다스리시고, 성령으로 충만케 하여 주시옵소서. 아멘!

♥ **감사**(5-8분) – 이제 기도 응답과 베푸신 은혜에 대해 **하나님께 감사기도를 드리겠습니다**(이 시간에 간구는 하지 않습니다.).

자녀 이름:	자녀 이름:

♥ **중보(30-40분)** – (대화식 합심기도는 언제나 짧고 Short, 간단하게 Simple, 구체적으로 Specific 합니다.)

① 이제 우리 자녀를 위해 중보기도하겠습니다.

♡ 먼저 ○○를 위해 성구기도하겠습니다.

_____가 굽혀 '여호와 오세누'를 경배하며 자기를 지으신 여호와 앞에 무릎을 꿇게 하소서(시 95:6). 여호와가 자기 하나님이신 줄 _____가 알게 하소서. 여호와는 우리를 지으신 이십니다(시 100:3).

성구 확장 기도

♡ ○○를 위해 구체적인 기도를 하겠습니다.

자녀 이름:	자녀 이름:

② 학교 선생님을 위해 기도하겠습니다.

신자일 때: _____ 선생님이 긍휼하심을 받고 때를 따라 돕는 은혜를 얻기 위하여 하나님의 은혜의 보좌 앞에 담대히 나아가게 하소서. 모든 학생들을 위하여 늘 일일이 기도하는 선생님이 되게 하소서(히 4:16).

불신자일 때: _____ 선생님이 예수님을 태초부터 계신 말씀, 곧 하나님이시라는 진리를 믿고, 예수님을 영접하여 하나님의 자녀가 되는 권세를 받아 그 권세로 학생들을 사랑하며 가르치게 하소서(요 1:1-13).

구체적인 기도 제목: _____

③ 학교를 위해 기도하겠습니다. _____

④ 주일학교 선생님을 위해 기도하겠습니다. _____

⑤ 주일학교 주요 사안(주일학교 부서)을 위해 기도하겠습니다. _____

⑥ 기도하는 엄마들 사역을 위해 기도달력으로 기도하겠습니다(당월 기도달력을 홈페이지에서 다운받아 모일 때마다 한 주 분씩 기도해 주십시오. **www.mip.or.kr**).

♥ **마무리** – 오늘도 우리의 기도를 들으시는 하나님께 감사와 영광을 올려드리며 예수님의 이름으로 기도드립니다. 아멘!

♥ 모임 내에서 기도한 내용은 모임 안에 남아야 함을 잊지 마십시오!!

23주 ♥ 이스라엘의 거룩한 자 (케도시 이스라엘)

한국 기도하는 엄마들　　　　　　　　　　• 날짜: 20____년 ____월 ____일 (____요일) ____시

♥ **찬양** (8-10분) – 이제 이스라엘의 거룩한 자를 선포하고 찬양하겠습니다 (하나님의 속성, 이름, 성품으로 하나님을 찬양하십시오. 이 시간은 기도 응답이나 기도 제목을 나누는 시간이 아닙니다. 찬양만 하십시오.).

'이스라엘의 거룩한 자'라는 이름은 하나님의 유일성, 개별성, 신비성을 강조합니다. 이는 하나님의 백성도 하나님처럼 거룩해지라는 부르심입니다. 이스라엘 백성은 하나님을 위해 성별되고, 하나님을 섬기는 일에 헌신되며, 관계 속에서 하나님의 성품을 나타내야 했습니다. 신약 성경에서 예수님의 능력과 순결을 보고 위협을 느낀 마귀가 예수님을 하나님의 거룩한 자라고 했습니다. '이스라엘의 거룩한 자'께 기도하는 것은 단지 악에서 구별되셨을 뿐만 아니라 능력과 지혜, 공의와 자비, 선과 사랑이 충만하신 하나님께 기도하는 것입니다.

레 19:1–2　여호와께서 모세에게 말씀하여 이르시되 너는 이스라엘 자손의 온 회중에게 말하여 이르라 너희는 거룩하라 이는 나 여호와 너희 하나님이 거룩함이니라

사 6:3　서로 불러 이르되 거룩하다 거룩하다 거룩하다 만군의 여호와여 그의 영광이 온 땅에 충만하도다 하더라

히 10:14–17　그가 거룩하게 된 자들을 한 번의 제사로 영원히 온전하게 하셨느니라 또한 성령이 우리에게 증언하시되 주께서 이르시되 그 날 후로는 그들과 맺을 언약이 이것이라 하시고 내 법을 그들의 마음에 두고 그들의 생각에 기록하리라 하신 후에 또 그들의 죄와 그들의 불법을 내가 다시 기억하지 아니하리라 하셨으니

눅 1:35, 37–38　천사가 대답하여 이르되 성령이 네게 임하시고 지극히 높으신 이의 능력이 너를 덮으시리니 이러므로 나실 바 거룩한 이는 하나님의 아들이라 일컬어지리라… 대저 하나님의 모든 말씀은 능하지 못하심이 없느니라 마리아가 이르되 주의 여종이오니 말씀대로 내게 이루어지이다 하매 천사가 떠나가니라

♥ **고백** (2-3분) – 우리가 죄를 품고 있으면 하나님은 우리 기도를 듣지 않으십니다.
이 시간은 조용히 침묵하는 가운데 우리의 죄를 고백하는 기도를 하겠습니다. (2-3분 후)
만일 우리가 우리 죄를 자백하면 하나님께서는 신실하시고 의로우심으로 우리 죄를 용서하시고 모든 불의에서 우리를 깨끗케 하신다고 하신 말씀대로 우리의 죄가 그리스도의 보혈로 깨끗하게 씻겨졌음을 믿습니다. 이제 우리를 온전히 다스리시고, 성령으로 충만케 하여 주시옵소서. 아멘!

♥ **감사** (5-8분) – 이제 기도 응답과 베푸신 은혜에 대해 하나님께 감사기도를 드리겠습니다 (이 시간에 간구는 하지 않습니다.).

자녀 이름:	자녀 이름:

♥ **중보 (30-40분)** – (대화식 합심기도는 언제나 짧고 Short, 간단하게 Simple, 구체적으로 Specific 합니다.)

① **이제 우리 자녀를 위해 중보기도하겠습니다.**

♡ **먼저 ○○를 위해 성구기도하겠습니다.**

이스라엘의 거룩한 자시여, 당신의 법을 _____ 마음에 두시고 그의 생각에 기록하소서(히 10:16).

성구 확장 기도

♡ **○○를 위해 구체적인 기도를 하겠습니다.**

자녀 이름:	자녀 이름:

② **학교 선생님을 위해 기도하겠습니다.**

신자일 때: _____ 선생님이 긍휼하심을 받고 때를 따라 돕는 은혜를 얻기 위하여 하나님의 은혜의 보좌 앞에 담대히 나아가게 하소서. 모든 학생들을 위하여 늘 일일이 기도하는 선생님이 되게 하소서(히 4:16).

불신자일 때: _____ 선생님이 예수님을 태초부터 계신 말씀, 곧 하나님이시라는 진리를 믿고, 예수님을 영접하여 하나님의 자녀가 되는 권세를 받아 그 권세로 학생들을 사랑하며 가르치게 하소서(요 1:1-13).

구체적인 기도 제목: _____

③ **학교를 위해 기도하겠습니다.** _____

④ **주일학교 선생님을 위해 기도하겠습니다.** _____

⑤ **주일학교 주요 사안(주일학교 부서)을 위해 기도하겠습니다.** _____

⑥ **기도하는 엄마들 사역을 위해 기도달력으로 기도하겠습니다**(당월 기도달력을 홈페이지에서 다운받아 모일 때마다 한 주 분씩 기도해 주십시오. www.mip.or.kr).

♥ **마무리** – 오늘도 우리의 기도를 들으시는 하나님께 감사와 영광을 올려드리며 예수님의 이름으로 기도드립니다. 아멘!

♥ 모임 내에서 기도한 내용은 모임 안에 남아야 함을 잊지 마십시오!!

24주 ♥ 시작과 끝(알파와 오메가)

한국 기도하는 엄마들   • 날짜: 20___년 ___월 ___일 (___요일) ___시

♥ **찬양**(8-10분) – 이제 **알파와 오메가이신 주님**을 선포하고 **찬양하겠습니다**(하나님의 속성, 이름, 성품으로 하나님을 찬양하십시오. 이 시간은 기도 응답이나 기도 제목을 나누는 시간이 아닙니다. 찬양만 하십시오.).

알파와 오메가는 '처음과 끝' 또는 '시작과 나중', '전체와 완전함'을 뜻하는 관용적 표현입니다. 이는 하나님께서 영원토록 스스로 존재하시는 분이요, 우주 만물을 시작하게 하신 창조자이시자 이를 심판하시는 최후 심판자이시라는 의미를 함축하고 있습니다. 하나님은 과거와 현재와 미래를 통틀어 항상 존재하시는 분이시기 때문에 우주 만물의 시작과 끝을 주관하시는 분으로 자신을 알파와 오메가라 칭하십니다. 그리스도는 성부 하나님과 마찬가지로 영원토록 존재하시는 창조자이며 최후 심판자이십니다.

요 1:3	만물이 그로 말미암아 지은 바 되었으니 지은 것이 하나도 그가 없이는 된 것이 없느니라
계 1:8	주 하나님이 이르시되 나는 알파와 오메가라 이제도 있고 전에도 있었고 장차 올 자요 전능한 자라 하시더라
계 1:17	내가 볼 때에 그의 발 앞에 엎드러져 죽은 자 같이 되매 그가 오른손을 내게 얹고 이르시되 두려워하지 말라 나는 처음이요 마지막이니
계 21:6	또 내게 말씀하시되 이루었도다 나는 알파와 오메가요 처음과 마지막이라 내가 생명수 샘물을 목마른 자에게 값없이 주리니
계 22:12-14	보라 내가 속히 오리니 내가 줄 상이 내게 있어 각 사람에게 그가 행한 대로 갚아 주리라 나는 알파와 오메가요 처음과 마지막이요 시작과 마침이라 자기 두루마기를 빠는 자들은 복이 있으니 이는 그들이 생명나무에 나아가며 문들을 통하여 성에 들어갈 권세를 받으려 함이로다

♥ **고백**(2-3분) – 우리가 죄를 품고 있으면 하나님은 우리 기도를 듣지 않으십니다. 이 시간은 조용히 침묵하는 가운데 우리의 죄를 고백하는 기도를 하겠습니다. (2-3분 후)
만일 우리가 우리 죄를 자백하면 하나님께서는 신실하시고 의로우심으로 우리 죄를 용서하시고 모든 불의에서 우리를 깨끗게 하신다고 하신 말씀대로 우리의 죄가 그리스도의 보혈로 깨끗하게 씻겨졌음을 믿습니다. 이제 우리를 온전히 다스리시고, 성령으로 충만케 하여 주시옵소서. 아멘!

♥ **감사**(5-8분) – 이제 기도 응답과 베푸신 은혜에 대해 하나님께 감사기도를 드리겠습니다(이 시간에 간구는 하지 않습니다.).

자녀 이름:	자녀 이름:

♥ **중보(30-40분)** – (대화식 합심기도는 언제나 짧고 Short, 간단하게 Simple, 구체적으로 Specific 합니다.)

① 이제 우리 자녀를 위해 중보기도하겠습니다.

♡ 먼저 ○○를 위해 성구기도하겠습니다.

_____가 알파와 오메가가 되신 주님께 받을 상이 있도록 자기의 두루마기를 빠는 복이 있게 하소서. 생명나무에 나아가며 문들을 통하여 성에 들어갈 권세를 얻게 하소서 (계 22:12-14).

성구 확장 기도

♡ ○○를 위해 구체적인 기도를 하겠습니다.

자녀 이름:	자녀 이름:

② 학교 선생님을 위해 기도하겠습니다.

신자일 때: _____ 선생님이 긍휼하심을 받고 때를 따라 돕는 은혜를 얻기 위하여 하나님의 은혜의 보좌 앞에 담대히 나아가게 하소서. 모든 학생들을 위하여 늘 일일이 기도하는 선생님이 되게 하소서(히 4:16).

불신자일 때: _____ 선생님이 예수님을 태초부터 계신 말씀, 곧 하나님이시라는 진리를 믿고, 예수님을 영접하여 하나님의 자녀가 되는 권세를 받아 그 권세로 학생들을 사랑하며 가르치게 하소서(요 1:1-13).

구체적인 기도 제목: _____

③ 학교를 위해 기도하겠습니다. _____

④ 주일학교 선생님을 위해 기도하겠습니다. _____

⑤ 주일학교 주요 사안(주일학교 부서)을 위해 기도하겠습니다. _____

⑥ 기도하는 엄마들 사역을 위해 기도달력으로 기도하겠습니다(당월 기도달력을 홈페이지에서 다운받아 모일 때마다 한 주 분씩 기도해 주십시오. www.mip.or.kr).

♥ **마무리** – 오늘도 우리의 기도를 들으시는 하나님께 감사와 영광을 올려드리며 예수님의 이름으로 기도드립니다. 아멘!

♥ 모임 내에서 기도한 내용은 모임 안에 남아야 함을 잊지 마십시오!!

기도하는 엄마들 **기도일지 ❸**

_____ 년 _____ 월 기도달력

♥ MEMO ♥

♥ 10대 자녀를 위한 기도제안

1. **옳지 않은 일을 했을 때 항상 발각되도록** 기도하십시오 – 시 19:12
   _____의 허물을 능히 깨닫게 하사 저를 숨은 허물에서 벗어나게 하소서!

2. **몸의 정결을 위해** 기도하십시오 – 엡 5:1, 3
   음행과 온갖 더러운 것과 탐욕은 _____가 그 이름조차도 부르지 말게 하소서!

3. **경건한 친구들을 위해** 기도하십시오 – 딤후 2:22
   _____가 정욕을 피하고 주를 깨끗한 마음으로 부르는 친구들과 함께 의와 믿음과 사랑과 화평을 따르게 하소서!

4. **장래 배우자를 위해** 기도하십시오 – 고후 6:14
   _____가 믿지 않는 자와 멍에를 함께 메지 않도록 늘 빛 가운데 거하게 하소서!

5. **분별력을 위해** 기도하십시오 – 골 2:8
   _____에게 분별력을 주사 철학과 헛된 속임수에 사로잡히지 않게 하소서!

6. **하나님을 더욱 잘 알 수 있는 계시를 위해** 기도하십시오 – 엡 1:17
   우리 주 예수 그리스도의 하나님, 영광의 아버지께서 지혜와 계시의 영을 _____에게 주사 하나님을 알게 하여 주소서!

7. **계속 회개하며 변화되기 원하는 마음을 위해** 기도하십시오 – 겔 18:30b
   _____가 항상 돌이켜 회개하고 모든 죄에서 자유케 되어 저에게 죄가 걸림돌이 되지 않게 하소서!

8. **하나님이 기도 응답하시는 것을 보도록** 기도하십시오 – 눅 18:1
   _____가 항상 기도하고 낙심하지 않게 도우사 기도의 응답을 보게 하여 주소서!

9. **하나님을 경외하도록** 기도하십시오 - 시 112:1
　　_____가 여호와를 경외하며 주의 계명을 크게 즐거워하게 하여 주소서!

10. **하나님께 순복하며 마귀를 대적하도록** 기도하십시오 - 약 4:7
　　_____가 하나님께 복종하고 마귀를 대적하여 영적 전쟁에서 이기게 하소서!

11. **겸손한 마음을 갖도록** 기도하십시오 - 빌 2:3
　　_____가 무슨 일을 하든지 다툼이나 허영으로 하지 말고 오직 겸손한 마음으로 최선을 다하게 하소서!

12. **하나님을 최우선으로 놓도록** 기도하십시오 - 잠 3:6
　　_____가 모든 일에 하나님의 주권을 인정하게 하소서!

13. **보는 것을 위해** 기도하십시오 - 마 6:22-23
　　_____의 눈은 몸의 등불이오니 그 눈으로 늘 하나님의 빛을 보게 하여 주사 어둠이 들어오지 못하게 하소서!

14. **이 세대의 악한 행실을 피하도록** 기도하십시오 - 신 18:14
　　이 세대의 사람들은 길흉을 말하는 자나 점쟁이의 말을 듣거니와 _____는 이런 일을 용납하지 않게 하소서!

15. **악한 것에 대해 '아니오'라고 말할 수 있도록** 기도하십시오 - 히 2:18
　　주님께서 시험을 받아 고난을 당하셨은즉 _____가 악한 것을 거절함으로 시험 받을 때 저를 능히 도우실 것을 믿는 믿음과 담대함을 주소서!

16. **예배자가 되게** 하소서!!! - 시 42:1
　　목마른 사슴이 물을 찾듯이 _____가 주일을 기다리며 다른 어떤 것보다 예배를 우선순위에 놓고 신령과 진정으로 예배드리는 데 최선을 다하게 하소서!

♥ 31일 성품 기도달력

	1. Respect 존경	2. Perseverance 인내
기도하는 엄마들	"인간의 모든 제도를 주를 위하여 순종하되 혹은 위에 있는 왕이나 혹은 그가 악행하는 자를 징벌하고 선행하는 자를 포상하기 위하여 보낸 총독에게 하라"(벧전 2:13-14) ___가 권위에 복종하며 모든 사람을 존경하는 성품으로 자라나게 하소서	"내 형제들아 너희가 여러 가지 시험을 당하거든 온전히 기쁘게 여기라 이는 너희 믿음의 시련이 인내를 만들어 내는 줄 너희가 앎이라"(약 1:2-3) ___가 시험을 만나도 좌절하지 않고 기쁨으로 견뎌냄으로 연단 가운데 성장하게 하소서
7. Integrity 정직성	**8. Generosity 관대**	**9. Servanthood 섬김**
"이자를 받으려고 돈을 꾸어 주지 아니하며 뇌물을 받고 무죄한 자를 해하지 아니하는 자이니 이런 일을 행하는 자는 영원히 흔들리지 아니하리이다"(시 15:5) ___가 경건한 자를 존대하며 뇌물을 거절하며 약속을 지키는 사람이 되게 하소서	"오직 선을 행함과 서로 나누어 주기를 잊지 말라 하나님은 이같은 제사를 기뻐하시느니라"(히 13:16) ___에게 지체들을 대하여 관대한 마음을 갖게 하소서	"형제들아 너희가 자유를 위하여 부르심을 입었으나 그러나 그 자유로 육체의 기회를 삼지 말고 오직 사랑으로 서로 종 노릇 하라"(갈 5:13) 남과 가족을 사랑으로 섬기는 ___가 되게 하소서
14. Thankfulness 감사	**15. Maturity 성숙**	**16. Holiness 거룩**
"범사에 감사하라 이것이 그리스도 예수 안에서 너희를 향하신 하나님의 뜻이니라"(살전 5:18) ___가 범사에 감사하는 성품으로 바뀌게 하소서	"그러므로 너희가 더욱 힘써 너희 믿음에 덕을, 덕에 지식을, 지식에 절제를, 절제에 인내를, 인내에 경건을"(벧후 1:5-6) ___가 믿음과 덕 가운데 성장하여 많은 열매를 맺게 하소서	"오직 너희의 심령이 새롭게 되어 하나님을 따라 의와 진리의 거룩함으로 지으심을 받은 새 사람을 입으라"(엡 4:23-24) ___가 성령으로 새롭게 되어 하나님의 거룩함을 나타내게 하소서
21. Prayerfulness 기도	**22. Trust 신뢰**	**23. Reverence 경외**
"아무 것도 염려하지 말고 다만 모든 일에 기도와 간구로, 너희 구할 것을 감사함으로 하나님께 아뢰라"(빌 4:6) ___가 아무 것도 염려하지 않고 항상 감사함으로 구하게 하소서	"너는 마음을 다하여 여호와를 신뢰하고 네 명철을 의지하지 말라 너는 범사에 그를 인정하라 그리하면 네 길을 지도하시리라"(잠 3:5-6) ___가 자신을 의지하지 않고 하나님만을 신뢰하게 하소서	"외모로 보시지 않고 각 사람의 행위대로 심판하시는 이를 너희가 아버지라 부른즉 너희가 나그네로 있을 때를 두려움으로 지내라"(벧전 1:17) 주님, ___가 항상 하나님을 의식하며 생각하고 행동하게 하소서
28. Humility 겸손	**29. Responsibility 책임감**	**30. Determination 결단**
"모든 겸손과 온유로 하고 오래 참음으로 사랑 가운데서 서로 용납하고"(엡 4:2) ___가 다른 사람에게 겸손하며, 온유하며, 인내하는 성품이 되게 하소서	"이러므로 우리 각 사람이 자기 일을 하나님께 직고하리라"(롬 14:12) ___가 하나님 앞에서 자기의 책임을 인정하게 하소서	"좌로나 우로나 치우치지 말고 네 발을 악에서 떠나게 하라"(잠 4:27) ___가 우편으로나 좌편으로나 치우치지 않고 선한 목표를 향해 나가게 하소서

3. Purity 순결	4. Forgiveness 용서	5. Self-discipline 자기훈련	6. Wisdom 지혜
"음행과 온갖 더러운 것과 탐욕은 너희 중에서 그 이름조차도 부르지 말라 이는 성도에게 마땅한 바니라 누추함과 어리석은 말이나 희롱의 말이 마땅치 아니하니 오히려 감사하는 말을 하라"(엡 5:3-4) ___가 음행과 더러운 것과 탐욕과 희롱의 말을 하지 않게 하소서	"서로 친절하게 하며 불쌍히 여기며 서로 용서하기를 하나님이 그리스도 안에서 너희를 용서하심과 같이 하라"(엡 4:32) ___가 자기를 힘들게 하는 이들에 대해 인자하게 하소서. 하나님이 자기를 용서하신 것처럼 용서하는 마음을 주소서	"이기기를 다투는 자마다 모든 일에 절제하나니… 내가 내 몸을 쳐 복종하게 함은 내가 남에게 전파한 후에 자신이 도리어 버림을 당할까 두려워함이로다"(고전 9:25-27) ___가 자기 몸을 쳐 복종하는 훈련을 기꺼이 받게 하소서	"이로써 우리도 듣던 날부터 너희를 위하여 기도하기를 그치지 아니하고 구하노니 너희로 하여금 모든 신령한 지혜와 총명에 하나님의 뜻을 아는 것으로 채우게 하시고"(골 1:9) ___에게 지혜와 총명을 주사 하나님의 뜻을 알게 하소서
10. Selflessness 이타심	11. Obedience 순종	12. Discernment 분별력	13. Compassion 긍휼
"각각 자기 일을 돌볼뿐더러 또한 각각 다른 사람들의 일을 돌보아 나의 기쁨을 충만하게 하라"(빌 2:4) 주님, ___가 자기의 일뿐 아니라 다른 사람들의 일을 돌봄으로 오는 기쁨을 알게 하소서	"자녀들아 주 안에서 너희 부모에게 순종하라 이것이 옳으니라 네 아버지와 어머니를 공경하라 이것은 약속이 있는 첫 계명이니"(엡 6:1-2) 주님, ___가 부모에게 기쁘게 순종하는 자녀가 되게 하소서	"누가 철학과 헛된 속임수로 너희를 사로잡을까 주의하라 이것은 사람의 전통과 세상의 초등학문을 따름이요 그리스도를 따름이 아니라 그 안에는 신성의 모든 충만이 육체로 거하시고"(골 2:8-9) ___가 헛된 철학을 믿지 않게 하소서	"그러므로 너희는 하나님이 택하사 거룩하고 사랑 받는 자처럼 긍휼과 자비와 겸손과 온유와 오래 참음을 옷 입고"(골 3:12) ___를 긍휼과 자비와 겸손과 온유함으로 옷 입혀 주소서
17. Strength 강건	18. Diligence 근면	19. Love 사랑	20. Courage 용기
"끝으로 너희가 주 안에서와 그 힘의 능력으로 강건하여지고 마귀의 간계를 능히 대적하기 위하여 하나님의 전신 갑주를 입으라"(엡 6:10-11) ___가 주 안에서와 그 힘의 능력으로 강건하게 하소서	"무슨 일을 하든지 마음을 다하여 주께 하듯 하고 사람에게 하듯 하지 말라"(골 3:23) ___가 무슨 일을 하든지 주께 하듯 열심히, 부지런한 생활 습관이 몸에 배게 하소서	"사랑에는 거짓이 없나니 악을 미워하고 선에 속하라 형제를 사랑하여 서로 우애하고 존경하기를 서로 먼저 하며"(롬 12:9-10) 진실한 사랑으로 남을 존중하는 것을 기뻐하는 ___가 되게 하소서	"하나님이 우리에게 주신 것은 두려워하는 마음이 아니요 오직 능력과 사랑과 절제하는 마음이니"(딤후 1:7) 주님, ___의 마음에 두려움이 떠나고 십자가의 능력과 사랑과 절제가 가득하게 하소서
24. Confidence 자신감	25. Godliness 경건	26. Truthfulness 진실성	27. Self-control 자제력
"내게 능력 주시는 자 안에서 내가 모든 것을 할 수 있느니라"(빌 4:13) ___가 주님 주시는 능력으로 모든 것을 할 수 있음을 확신하게 하소서	"오직 너 하나님의 사람아 이것들을 피하고 의와 경건과 믿음과 사랑과 인내와 온유를 따르며"(딤전 6:11) ___가 악을 싫어하며 경건한 것을 따르게 하소서	"그런즉 거짓을 버리고 각각 그 이웃과 더불어 참된 것을 말하라 이는 우리가 서로 지체가 됨이라"(엡 4:25) ___가 모든 거짓을 버리고 진실을 말하는 자가 되게 하소서	"내 사랑하는 형제들아 너희가 알지니 사람마다 듣기는 속히 하고 말하기는 더디 하며 성내기도 더디 하라"(약 1:19) ___가 말하기를 더디 하고 성내기도 더디 하여 자기 감정을 절제하는 힘을 기르게 하소서
31. Teachability 배우고자 하는 마음			
"훈계에 착심하며 지식의 말씀에 귀를 기울이라"(잠 23:12) ___가 지침을 따르고 지식을 얻기를 즐겨하게 하소서	"초저녁에 일어나 부르짖을지어다 네 마음을 주의 얼굴 앞에 물 쏟듯 할지어다 각 길 어귀에서 주려 기진한 네 어린 자녀들의 생명을 위하여 주를 향하여 손을 들지어다" 예레미야애가 2:19		

♥ 한국 기도하는 엄마들 주제가

Moms, Arise and Shine
애 2:19 / 사 60:1

작시, 작곡 박소희
편곡 원현미
편사 최복순

1. 일어나 부르짖으라 --- 주 얼굴앞에 쏟아 노라
2. 일어나 빛을 발 하여라 세상의 변화를 꿈 꾸며

주 리고 기진 한 자녀위해 --- 주를향하여 -- 두 손을 높이 -- 들지어다 --
주 앞에 나가 기 도 하여라 --- 우리기도로 -- 자녀가 변화됨을믿으며 --

기 도하는 엄 마들 말씀 -- 의약 속 -- 을 굳세게 -- 붙 -- 잡고
기 도하는 엄 마들 온전 -- 히주 님 -- 만 바라볼 -- 수 -- 있게

성 령의 인도 따 라서 자녀 들의생 -- 명을 위 하여 --
일 어나 빛을 발 하라 다시 오실주 -- 님을 바 라며 --

♥ MEMO ♥

♥ MEMO ♥

♥ MEMO ♥

♥ MEMO ♥

♥ MEMO ♥

♥ MEMO ♥

♥ MEMO ♥

기도하는 엄마들
기도일지 ❸

감수	한국 기도하는 엄마들(MIP KOREA)
편저	프리셉트 / 최복순

초판 1쇄	2008년 8월 28일
개정 3판 5쇄	2024년 9월 5일

발행인	김경섭
국제총무	최복순
총무이사	김현욱
협동총무	김상현
편집부	고유영(편집실장), 김성경, 박은실
인쇄	영진문원

발행처	프리셉트선교회
등록번호	108-82-61175
일부총판	생명의말씀사 Tel. (02) 3159-7979 Fax. 080-022-8585

주소	서울특별시 서초구 청룡마을길 8-1(신원동) (우) 06802
전화	(02) 588-2218 팩스 (02) 588-2268
홈페이지	www.precept.or.kr

국민은행 431401-04-058116(프리셉트선교회)
2008, 2015, 2018 ⓒ 프리셉트 / 최복순

값 5,000원
ISBN 978-89-8475-731-8 04230
     978-89-8475-711-0 04230(세트)

독자 여러분의 의견을 기다립니다.
(02) 588-2218 / pmbook77@naver.com